Lutz E. v. Padberg

*Abb. 1: St. Bonifatius
Holzplastik in der Pfarrkirche
St. Johannes der Täufer und Caecilia
Rasdorf in Hessen, um 1730*

Lutz E. v. Padberg

Wynfreth-Bonifatius

R. Brockhaus Taschenbuch Bd. 1104

R. Brockhaus Bildbiographien

herausgegeben von Carsten Peter Thiede

Umschlaggestaltung: Carsten Buschke, Solingen
Umschlagbild: Holzstatue von Witold Gracjan-Kawalec, 1979
Mit freundlicher Genehmigung der Paternoster Press, Exeter
Gesamtherstellung: Breklumer Druckerei Manfred Siegel KG
ISBN 3-417-21104-2

INHALT

Meinem Lehrer

KARL HAUCK

in Dankbarkeit und Verehrung

I. Das Ende einer Missionsfahrt: Der Märtyrertod des Bonifatius am 5. Juni 754 in Dokkum

Wenige Tage nach dem Pfingstfest des Jahres 754, genau am 5. Juni, zog der achtzigjährige Erzbischof Bonifatius mit seinen Gefährten in die Stadt Dokkum. Vierzig Jahre zuvor hatte er schon einmal in dieser Gegend Frieslands evangelisiert, mußte damals allerdings bald vor der Hartnäckigkeit der Heiden kapitulieren. Jetzt hatte sich die Situation grundlegend geändert. Der seinerzeit widerstrebende Herzog Radbod war längst tot und sein Reich stand weitgehend unter der Herrschaft der mächtigen Franken. Das Evangelium konnte ungehindert ausgebreitet werden.

Nun hatte man zu Pfingsten 754 in Dokkum etliche Friesen getauft. Nach römischem Ritus war eine solche Taufe nur dann gültig, wenn sie später mit der Salbung durch einen Bischof bestätigt wurde. Diese als Festigung des Glaubens angesehene Firmung wollte an jenem 5. Juni 754 der greise Bonifatius höchstpersönlich vornehmen. An dem Flüsschen Borne, nahe der Meeresküste, hatte er mit seinen Begleitern in Zelten die Nacht verbracht. Am frühen Morgen des verabredeten Firmungstages erwartete man die Neubekehrten; Bonifatius und seine Gefährten bereiteten die sakrale Handlung vor. Da geschah das Unfaßliche: Anstelle der Gläubigen stürzte sich eine Horde beutegieriger Heiden mit gezückten Schwertern auf die fromme Versammlung. Willibald, der angelsächsische Biograph des Bonifatius, schildert die Szene: Die Begleiter des Erzbischofs wollten sich mit ihren Waffen verteidigen, er aber gebot ihnen Einhalt. »Der Mann Gottes jedoch, als er den Überfall des tobenden Haufens bemerkt, schreitet aus dem Zelt heraus, die Reliquien der Heiligen, die er stets bei sich zu führen gewohnt war, mitnehmend, und sammelt sofort die Schar seiner Geistlichen. Und tadelnd verbietet er sogleich den kämpfenden Mannen das Gefecht, indem er spricht: Lasset ab, Mannen, vom Kampfe, tut Krieg und Schlacht ab, denn das wahre Zeugnis der Heiligen Schrift lehrt uns, nicht Böses mit Bösem, sondern sogar Böses mit Gutem zu vergelten. Denn schon ist der lang ersehnte Tag da und die willig erwartete Zeit unserer Erhöhung steht bevor. Darum seid stark in dem Herrn und ertraget dankbar, was er uns gnädig schickt. Hoffet auf ihn, denn er wird Eure Seele erlösen.«[1] Willibald berichtet weiter von den letzten Augenblicken im Leben des Bonifatius: »Während er mit solcher aufmunternder Lehre die Schüler antrieb, sich die Krone des Märtyrertums zu verdienen, stürzte der ganze wütende Haufe der Heiden mit Schwertern und voller Kriegsausrüstung über sie her und machte die Leiber der Heiligen nieder in heilbringendem Morde.«[2]

Ein Utrechter Presbyter, der fünfzig Jahre später eine Lebensgeschichte des Bonifatius verfaßte, konnte eine betagte Augenzeugin des Mordereignisses ausfindig machen. Sie habe gesehen, so berichtet er, wie Bonifatius ein Buch schützend über sein Haupt gehalten habe, als das Schwert des Mörders zuschlug.[3] Noch heute kann man in der Hessischen Landesbibliothek in Fulda eine Sammlung theologischer Traktate in die Hand nehmen, den sogenannten Ragyndrudis-Codex, dessen Einband eindeutig Hiebspuren aufweist (siehe Abb. 23, S. 102). Auch das zwischen 997 und 1011 entstandene Fuldaer Sakramentar hält diesen Moment fest (Abb. 2). In der Bildmitte erkennt man Bonifatius mit einem Buch in der Hand, links von ihm einen der Mörder, der gerade mit seinem Schwert zuschlägt.

Die heidnische Mörderbande hatte in der Hoffnung auf große Beute außer Bonifatius noch 51 Christen erschlagen. Willibald schildert, wie die Täter sofort nach dem frevelhaften Tun die Strafe Gottes ereilte. Zunächst trugen sie die Bücherkisten und Reliquienkästen zusammen, in de-

Abb. 2: Martyrium des Bonifatius
Buchmalerei im Fuldaer Sakramentar, zwischen 997 und 1011

nen sie Mengen von Gold, Silber und Edelsteinen vermuteten. Dann plünderten sie in den Schiffen der Christen die Weinvorräte. »Als sie nun das geschätzte Naß entdeckt hatten, begannen sie sofort zu trinken, die gefräßige Gier ihres Bauches zu stillen und den von Wein triefenden Magen sich voll zu saufen; endlich aber, als es sich um die Verteilung der gewonnenen Beute handelte, begannen sie untereinander zu beratschlagen und nach des allmächtigen Gottes wunderbarer Bestimmung darüber zu verhandeln, wie das bis dahin noch nicht einmal erblickte Gold und Silber unter ihnen verteilt werden sollte. Als aber das Gerede über das vermeintlich viele Gold sich länger hinzog, begann man allmählich mit Schimpfworten aufeinander loszufahren, und endlich entstand so heftige Zwietracht, daß der von Wut und Tobsucht erfüllte Haufe sich in zwei Parteien schied, die zuletzt die Waffen, mit denen sie kurz vorher die heiligen Märtyrer umgebracht, in Grauen erweckendem Kampf gegeneinander kehrten.« So brachten sich die Mörder gegenseitig um. Als der Rest schließlich die Kisten aufbrach, entdeckte er »statt Gold Bücherbände, statt Silber Blätter göttlicher Weisheit«.[4] Erbost verstreuten sie die Pergamente auf Feldern und in Sümpfen, wo sie später wiedergefunden wurden. Willibald weiß noch zu berichten, daß innerhalb von drei Tagen nach diesem 5. Juni 754 auch die überlebenden Mörder Hab und Gut verloren und zu Tode kamen. Er zieht für seine Leser daraus die Lehre: »Denn der allmächtige Schöpfer und Ordner der Welt wollte Vergeltung üben an seinen Feinden und sie für das für ihn vergossene Blut der Heiligen im Eifer seiner gewohnten Barmherzigkeit strafen, auch wollte er öffentlich seinen lang hinausgeschobenen Zorn gegen die Verehrer der Götzen, da er jetzt durch den neuen wahnwitzigen Frevel herausgefordert war, erweisen.«[5]

Der Tod des greisen Bonifatius wurde im christlichen Europa schnell bekannt, und fast unmittelbar danach setzte seine Verehrung als Heiliger ein. Erzbischof Cuthberht von Canterbury etwa schrieb einen Trostbrief an Lul, den Schüler und Nachfolger des Bonifatius. Darin rühmt er Bonifatius als Märtyrer, Vater seligen Andenkens sowie Lehrer des Evangeliums und teilt ihm den Beschluß der Synode der angelsächsischen Kirche mit, Bonifatius zum Schutzpatron des Landes zu erheben und in Zukunft alljährlich seinen Todestag feierlich begehen zu wollen.[6] Die Trauer um den Tod des Bonifatius, so betont Cuthberht, werde gemildert durch die Freude, »daß das nach Britannien gekommene Volk der Angeln für würdig befunden wurde, einen so hervorragenden Erforscher der himmlischen Bibliothek und einen so vortrefflichen Streiter Christi zusammen mit gut geschulten und bestens ausgestatteten Jüngern vor aller Augen in löblicher Weise weit von sich weg hinauszuschicken zu geistigen Kämpfen und dank der Gnade des allmächtigen Gottes zum Heil für viele Seelen, damit er weit und breit die schon lange auf Abwegen umherirrenden überaus trotzigen Völker aus dem weiten und geräumigen Schlunde des ewigen Verderbens durch den Antrieb heiliger Ermahnung und durch die Beispiele von Frömmigkeit und Güte, indem er selbst als Anführer und Fahnenträger voranschritt und mit Gottes Hilfe alle Widerwärtigkeiten tapfer niederkämpfte, glücklich hinführe zu den glanzvollen Pfaden des himmlischen Vaterlandes.«[7]

Wer war dieser Erzbischof Bonifatius, der eigentlich Wynfreth hieß? Als Missionar, Klostergründer, Bildungsvermittler und Kirchenorganisator war er jedenfalls schon im Sommer 754 so berühmt, daß man ihn als Heiligen verehrte und an der Mordstätte in Dokkum alsbald eine Kirche errichtete. Seine Lebensgeschichte ist untrennbar verbunden mit der Situation des Christentums im früheren Mittelalter.

II. Wege und Methoden der Mission im früheren Mittelalter

A. Die Spannung zwischen ›Gentil‹- und ›Universalreligion‹

Zentraler Ausgangspunkt für die missionarischen Aktivitäten auch der frühmittelalterlichen Kirche war wie seit den Tagen der Apostel der Missionsbefehl Jesu Christi (Mt. 28,18-20). Damit verband sich die Überzeugung, allein der christliche Glaube könne dem Menschen ewiges Heil vermitteln. Missionsprogrammatisch verstand man danach auch die Aussage Jesu: »Wer gläubig geworden und getauft worden ist, wird errettet werden; wer aber nicht gläubig geworden ist, wird verdammt werden« (Mk. 16,16) ebenso wie die Feststellung des Petrus während eines Verhörs vor dem Synedrium: »Und es ist in keinem anderen das Heil; denn auch kein anderer Name unter dem Himmel ist den Menschen gegeben, in dem wir errettet werden müssen« (Apg. 4,12). Aus diesen und anderen Äußerungen des Neuen Testamentes ergab sich für die Christen geradezu die Verpflichtung zur Mission. Ihre Zielrichtung wurde bestimmt von der heilsgeschichtlichen Sicht der Differenzierung der gesamten Menschheit in Christen, Juden und Heiden (Röm. 9,24). Das Mittelalter gewann daraus die Überzeugung, die Bischof Vigilius von Thapsus um 484 in die klassische Formulierung kleidete: »Drei Religionen gibt es in der Welt, die der Juden, Heiden und Christen«.[8] In der Missionssituation des früheren Mittelalters waren die Christen also von der universellen Gültigkeit ihres Glaubens überzeugt, wußten sie doch, daß der Mensch nur innerhalb der christlichen Kirche das Heil erwerben konnte. Dieses Verständnis des Christentums als Universalreligion ist die eigentliche Voraussetzung der Missionsaktivitäten der frühmittelalterlichen Kirche.

Die Dreiteilung der Menschheit in Juden, Christen und Heiden brachte zunächst eine gewisse Formalisierung der Betrachtungsweise mit sich. Blieben die Juden weithin außer acht, so hatte man die Heiden eher als Gesamtheit im Blick, nicht so sehr den einzelnen Menschen. Mission ging daher auch mehr von dem eigenen Selbstverständnis denn von dem der Missionsobjekte aus. Konkret bedeutete das im Mittelalter, daß das schon stark institutionalisierte Christentum als Kirche missionierte. Die Überzeugung von deren Katholizität führte zu dem Zusammenfall von Bekehrungsarbeit und Ausbau der Kirchenorganisation. Da der Bischof der maßgebliche Träger jeglicher kirchlicher Weihegewalt war, stellt sich Mission in jener Zeit oft als die Einrichtung neuer Bistümer dar. Bedeutsam ist ferner, daß die frühmittelalterliche Kirche als einzige Trägerin der Schriftkultur die konkurrenzlose Bildungsmacht darstellte. Hatte sie damit einerseits die Verantwortung für die Überlieferung und Erhaltung des kulturellen Erbes der Spätantike, so gab ihr dies andererseits eine Monopolstellung. Denn weder mußte sie sich mit Apologeten des weithin schriftlosen Heidentums auseinandersetzen noch konnten ihre Aussagen von Außenstehenden überprüft werden. Freilich war die missionarische Verkündigung aus diesem Grunde ganz auf außerschriftliche Formen angewiesen, also auf mündliche Predigt und vollmächtige Handlungen, die wie ein Gottesurteil die Ohnmacht der Heidengötter zur Schau stellten. Dies erhellt die große Verantwortung der Missionare, denn die von ihnen angesprochenen Menschen konnten nicht in den Schriften der Bibel prüfen, »ob dies sich so verhielte« (Apg. 17,11). Der Gehalt des Glaubens der zu gewinnenden Christen hing also in entscheidendem Maße von dem Inhalt der Missionspredigt ab. Sollten sich hier Verschiebungen gegenüber der biblischen Dogmatik und Ethik ergeben, so würden sie von den Heiden gleichwohl als offizielle Kirchenlehre aufgefaßt werden. Diese Besonderheit der frühmittelalterlichen Missionssituation sollte für die Gestalt der Kirche von entscheidender Bedeutung werden.

Wie die Dreiteilung der Menschheit schon andeutet, benutzte man den Begriff ›Heide‹ als theologische Deutungskategorie. Dieses hatte eine verallgemeinernde Sicht der Heidenvölker zur Folge: Man betrachtete sie nur von dem eigenen, christlichen Selbstverständnis her und verzichtete auf Differenzierungen. Demzufolge meinten die frühmittelalterlichen Missionare auch, die Missionsmethoden der Mittelmeerwelt ohne weiteres auf die des Nordens übertragen zu können. Diese universelle Sicht aber lag den heidnischen Völkern im west- und nordgermanischen Raum völlig fern. Ihre auf den eigenen Stamm bezogene gentilreligiöse Auffassung nötigte die christlichen Missionare etwa in England oder in Friesland daher auch immer wieder zum Umdenken. Für diese grundsätzlich anderen Voraussetzungen der heidnischen Religionswelt gilt: »Ethnische, politische und religiöse Ordnung decken sich; sie alle haben eine gemeinsame Grenze nach außen; innerhalb dieser Grenze ist jedes Glied der Gemeinschaft, solange sie innerlich intakt ist, zur Teilnahme auch an ihrem kultischen Leben verpflichtet, um seinerseits beizutragen zur Erhaltung des gemeinsamen ›Heils‹; außerhalb dieser Grenze erlischt im Normalfall die Zuständigkeit der eigenen Götter, mit ihr der Anspruch der eigenen Religion an dort lebende Menschen: niemand kommt auf den Gedanken, etwa für sie ›missionieren‹ zu wollen.«[9] Aus der damit angedeuteten Spannung zwischen Universal- und Gentilreligion ergaben sich mancherlei Probleme für die frühmittelalterliche Mission. Ging es dem Christentum um das Seelenheil des Einzelnen, besonders hinsichtlich seiner Existenz nach dem Tode, so dachten die germanischen Stämme ganz konkret diesseitig. Heil war für sie eine Frage der Fruchtbarkeit, des Wachstums und der Sicherung des politischen Bestandes des eigenen Verbandes nach innen und außen. Die Missionare standen daher vor der schwierigen Aufgabe, die Zuständigkeit des Christengottes auch für die heidnischen Stämme nachweisen zu müssen. Sie bemühten sich darum sowohl durch die Predigt als auch durch tatkräftiges Handeln wie die Zerstörung heidnischer Kultstätten. Da die Heidenvölker nicht so sehr an den einzelnen Menschen, sondern vielmehr an das Ganze des jeweiligen gentilen Verbandes dachten und deshalb die Garantierung des Heils eine Sache der Gemeinschaft war, mußten die Missionare eben die Wirkmächtigkeit Gottes möglichst für den ganzen Stamm erweisen. Denn wenn nur einzelne eines Verbandes übertraten, bestand für sie Lebensgefahr, da sie das gemeinsame Heil durch ihren Übertritt gefährdeten. In der missionarischen Predigt vermischte man daher oft das jenseitige mit dem diesseitigen Heil. So wollte man ganze Stämme mit dem Versprechen zur Bekehrung ermuntern, Gott könne ihnen auch auf Erden einen viel wirksameren Schutz bieten als die heidnischen Götter.

Die Chance dieses gentilreligiösen Denkens für die Mission lag darin, daß die geradezu aufregende Entdeckung der Allmacht Gottes den Heiden einen Übertritt zu erleichtern vermochte.[10] Es bestand jedoch auch die Gefahr, die schon immer vorhandene Neigung zu nähren, nun andere, mächtigere Götter in den Kreis der bislang schon verehrten aufzunehmen. Der Absolutheitsanspruch Gottes war also nicht immer leicht zu vermitteln. Die Missionare mußten darauf achten, das Evangelium unverfälscht zu verkündigen und vordergründige Anknüpfungen zu vermeiden.

Für diese spannungsreiche Situation gibt es etwa für die Bekehrungszeit Englands im 7. Jahrhundert eine Fülle von Beispielen. König Raedwald von East-Anglia (gest. 624 oder 625) beispielsweise, dessen mit reichen Beigaben versehenes Grab 1939 bei Sutton Hoo nahe Woodbridge in der Grafschaft Suffolk in England gefunden wurde, besaß zwei silberne Löffel (Abb. 3). Sie sind von spätklassischer

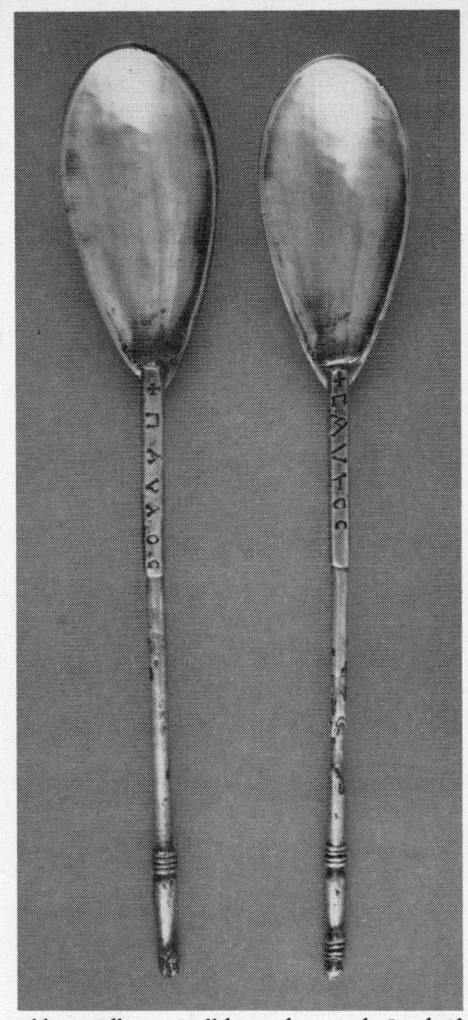

*Abb. 3: Silberne Löffel mit der griech. Inschrift »Saulos« und »Paulos«
Königsgrab von Sutton Hoo, 1. Hälfte des 7. Jh.*

Art mit birnenförmigem Löffel und säulenartig gebildetem Griff. In die rechteckigen Zwischenstücke sind in griechischen Buchstaben die Namen ›Paulos‹ und ›Saulos‹ eingraviert. Sie dokumentieren den Glaubenswechsel des Königs Raedwald, der sich bei einem Besuch bei dem ersten bekehrten angelsächsischen König, Aethelberth von Kent (ca. 560-616), hatte taufen lassen. Beda Venerabilis (um 672-735), der englische Kirchenhistoriker des 7. Jahrhunderts, berichtet freilich auch von der bekenntnismäßigen Unsicherheit Raedwalds: An seinem Königshof in East-Anglia errichtete er den »Altar für das Opfer Christi« neben dem »für die Opferungen an die Dämonen«.[11] Die gleiche schwankende Haltung fand sich auch im Volk. Die Devotionalienhändler der damaligen Zeit verkauften als Amulette sowohl die Hämmer des germanischen Kriegsgottes Thor als auch christliche Kreuze. Nicht wenige Menschen sollen aus Vorsicht beide Talismane gleichzeitig getragen haben.[12]

Die Missionare versuchten dem diesseitigen Heilsverständnis der Heiden durch die Botschaft von Christus als Sieger zu begegnen. Ein Beispiel dafür bietet das Elfenbein-Diptychon aus Genoels-Elderen bei Tongeren in der Provinz Limburg in Belgien (Abb. 4). Es stellt, nach dem Text von Psalm 91,13, den von zwei Engeln begleiteten Christus mit dem geschulterten Schwert als Sieger über die Bestien dar.[13] Mit der entsprechenden Verkündigung sollten die Heidenvölker dazu bewegt werden, von ihrem Dämonendienst abzulassen.

B. Die Missionsprogrammatik Papst Gregors des Großen

Nach christlichem Verständnis mußte die heidnische Religiosität grundsätzlich als Teufelsdienst angesehen werden. Dementsprechend bestand das Taufgelübde aus zwei Teilen: Zuerst wurde der Täufling gefragt, ob er dem Teufel,

Abb. 4: Christus als Sieger
Elfenbein-Diptychon aus Genoels-Elderen bei Tongern,
2. Hälfte des 8. Jh.

dem Teufelsopfer und dem Teufelswerk absage *(abrenuntiatio diaboli,* negative Verpflichtung), danach wurde sein Bekenntnis zur Trinität gefordert (*confessio fidei;* positive Verpflichtung).[14] Analog hierzu kann man auch von einem doppelten Missionsziel sprechen, nämlich dem der Entpaganisierung durch die Ausrottung des Heidentums und dem der Christianisierung durch die Ausbreitung des Christentums. Die primären Missionsobjekte waren für die frühmittelalterliche Kirche die Heiden*völker.* Ausgehend von der Struktur der germanischen Verbände zielte man auf die Gewinnung ganzer Stämme. Das erste Missionsziel war daher die formelle öffentliche Annahme des Christentums durch die politische Führung. Die Bekehrung eines einfachen Stammesmitgliedes, so meinte man, nutze nicht viel, da dieser ohnehin Gefahr laufe, aus dem ethnischen Verband ausgeschlossen zu werden. Sei aber erst einmal der Stammesführer gewonnen, folge das Volk in der Regel nach. Dementsprechend vollzog sich Mission in dieser Zeit ›von oben nach unten‹. Dieser Annahme des neuen Glaubens mußte dann als zweiter Schritt der der Missionierung folgen. Diese bestand zuerst aus der Eingliederung der Mitglieder des jeweiligen Stammes in die Kirche und sodann aus der Verdrängung der alten Götter und der Vernichtung ihres Kultes. Dies ist zwar ein abstraktes Schema, doch es entspricht weitgehend der Missionspraxis im frühen Mittelalter.

Hinter diesem Verfahren steht die Auffassung von der Kirche als Heilsanstalt, die die zeitliche Verwirklichung des Gottesvolkes auf Erden darstellt. Denn die Kirche formuliert und bewahrt die Glaubensaussagen, und der sich zu ihnen Bekennende tut dies, weil er ihrer Autorität glaubt. Dieses Verfahren kann »in letzter Konsequenz die Bekundung des eigenen Glaubens auf eine allgemeine Bekundung des gehorsamen Konsenses mit dem Glauben der Kirche reduzieren . . . In ihrem sakramentalen, aus dem Vollzug heraus wirksamen, objektiv Gottes Gnade zueignendem Handeln vermittelt sie den Gläubigen das Heil. Die Eingliederung in sie erfolgt durch die Taufe, und der förmliche Taufvollzug ist dementsprechend das eigentliche Missionsziel.«[15]

Des weiteren verbirgt sich hinter diesem Verfahren die wechselseitige Zuordnung von Universalreich und Universalkirche. Seit der konstantinischen Wende im 4. Jahrhundert verstand man die römische Kaiserherrschaft als Abbild der Weltherrschaft Christi, und in dem Zusammenspiel von Kaiser und Papst glaubte man die göttliche Weltordnung garantiert. Das römische Reich bekam dadurch Heilsbedeutung, wurde es doch mit der christlichen Kirche in eins gesetzt. Das hatte für die Missionsprogrammatik erhebliche Folgen. Denn nun erschloß sich für die Heidenvölker der Zugang zum Heil der Kirche nur über deren Eingliederung in das Reich. Wenn demzufolge ein christlicher Herrscher sein Reich auch mit militärischer Macht ausdehnte, eröffnete er dadurch neue Missionsräume und handelte also christlich. Politisches Handeln erhielt so die Qualifikation des Missionarischen. Diese Zusammenhänge sollten für den Fortgang der mittelalterlich-germanischen Bekehrungsgeschichte noch von größter Bedeutung sein.

Kirchlicherseits wurde dieses universelle Missionskonzept von der Bekehrung der Heidenvölker als zentraler Aufgabe zuerst mit Entschiedenheit vertreten von Papst Gregor dem Großen (*540, Papst 590-604). Er formulierte das kirchliche Sendungsbewußtsein nach dem Zusammenbruch des weströmischen Reiches im Anschluß an die Reichstheologie des Augustinus (354-430) neu. Zentral war für Gregor das eschatologische Moment der Naherwartung. In seinem 585-595 entstandenen Hiob-Kommentar ›Moralia‹ stellte er die Universalität der evangelistischen Verkündigung heraus, deren Sendboten bereits bis an die Enden der Erde gekommen seien. Im Anschluß an Römer 11,25 entwickelte Gregor ein Schema der Heilsgeschichte. Die Kirche war danach in ihrer Frühzeit noch nicht zur Heidenpredigt fähig, nun aber sei sie, vom Heiligen Geist erfüllt, zur erfolgreichen Heidenmission ausgesandt. Schon seien fast alle Heiden der Kirche eingegliedert, was die Voraussetzung für die Errettung Israels und vor allem für die Wiederkunft Jesu Christi sei. Gregor lebte ganz konkret in dieser Vorstellung und entfaltete daher eine für die bisherige Kirche Roms beispiellose missionarische Aktivität. Mit dieser »eschatologischen Aktualisierung der universalmissionarischen Forderung« hatte Gregor der Kirche zweifelsohne die entscheidende Aufgabe für das Frühmittelalter zugewiesen. Nicht von ungefähr sind deshalb seine Schriften im Mittelalter weit verbreitet gewesen (vgl. Abb. 32, S. 149).[16]

Die entscheidende missionarische Tat Papst Gregors war die Christianisierung der Angelsachsen. Dieses von ihm geplante und durchgeführte Unternehmen der Fernmission war etwas missionsgeschichtlich Neues, das letztlich den Grund für die Einbeziehung auch der kontinentalen Germanenvölker in die christliche Kirche gelegt hat. 596 hatte Gregor eine kleine Gruppe von Missionaren unter der Führung des römischen Abtes Augustin (gest. zwischen 604 und 609) auf den weiten Weg nach England gesandt. Ihnen gelang am 1. Juni 597 die Taufe des Königs Aethelberth von Kent, der bald Massentaufen der kentischen Bevölkerung folgten. Wenn sich auch die kirchliche Ordnung Englands über ein Jahrhundert hinziehen sollte, war dies doch der entscheidende Grundstein für die Christianisierung der Insel.

Die von Gregor verfolgte Missionsmethode ging grundsätzlich von der augustinischen Forderung eines prinzipiell freiwilligen Taufentschlusses aus. Die Anforderungen an den Grad der Freiwilligkeit und an den Grad der inneren Beteiligung bei der Taufe wurden allerdings von Gregor merklich gesenkt. So hielt er es für möglich, mittelbaren Zwang auszuüben durch wirtschaftliche Benachteiligung

(Steuerdruck) gegenüber Übertrittsunwilligen beziehungsweise Vermögensvorteile für Übergetretene. Neben dieser Form indirekter Nötigung gab es durchaus auch direkten Zwang bis hin zu der Alternative Tod oder Taufe sowie die Form des indirekten Missionskrieges, in dem der politische Krieg als Vorbereitung der Mission geführt wurde.

Entscheidend war freilich die Bereitschaft der Kirche, zugunsten der Gewinnung ganzer Volksstämme auf eine intensive Glaubensunterweisung der Übertrittswilligen vor der Taufe zu verzichten. Dadurch bestand die große Gefahr der Entstehung eines Namenschristentums und eines innerkirchlichen Heidentums. Die unvollkommene Bekehrung vor der Taufe und ein Übertritt aus letztlich weltlichen oder opportunistischen Gründen war freilich nichts Neues für die Kirche, denn seit der konstantinischen Wende war dies neben den häretischen Auseinandersetzungen das Hauptproblem der Kirche gewesen. Es hat seine Ursache vor allem in der eben skizzierten Missionsprogrammatik, die ein solches Denken nicht verhinderte, sondern ihm vielmehr durch kirchliches Handeln Vorschub leistete.

Das wird auch deutlich an Unsicherheiten in der Haltung Gregors des Großen selbst. In der Frühphase der Angelsachsenmission richtete er am 22. Juni 601 einen Brief an König Aethelberth von Kent, in dem er ihn energisch dazu aufforderte, das Heidentum auszurotten: »Beeile Dich, den christlichen Glauben bei den Dir untertanen Völkern zu verbreiten; verfolge die Götzenverehrung; zerstöre die Gebäude der Heiligtümer; stärke die Sitten der Untertanen aus großer Lauterkeit des Lebens durch Ermahnung, Schrecken, Schmeichelei, Zurechtweisung und Vorführen von Beispielen guter Werke, damit Du im Himmel den Belohner findest, dessen Namen und Kenntnis Du auf Erden verbreitet hast.«[17] Hier wird deutlich, wie die staatliche Macht die Arbeit der Missionare nicht nur durch friedliche Missionsarbeit, sondern auch durch Zwang und

Nötigung fördern sollte. Überdies scheint das dingliche Glaubensverständnis durch die Betonung des zu erwartenden Verdienstes auf. Nur einen Monat später hatte Gregor jedoch seine Meinung geändert. Jetzt schickte er dem Missionar Abt Mellitus (gest. 624) am 18. Juli 601 ein Schreiben, in dem er die vorsichtige Anknüpfung an heidnische Gebräuche empfahl: »... daß die Heiligtümer der Götzen bei diesem Volk keineswegs zerstört werden müssen, daß aber die Götzenbilder, die sich darin befinden, zerstört werden sollen, daß Wasser geweiht und in diesen Heiligtümern versprengt, daß Altäre gebaut, Reliquien niedergelegt werden.« Ferner riet Gregor, die heidnischen Tieropfer durch andere Feiern zu ersetzen: »... daß sie sich am Tage der Weihe oder am Tag der Heiligen Märtyrer, deren Reliquien dort niedergelegt sind, Hütten aus Baumzweigen um diejenigen Kirchen bauen, die aus den Heiligtümern entstanden sind, und den Festtag mit frommen Festmahlen begehen.« Gregor begründete diese Forderung so: »Denn zweifellos ist es unmöglich, schwerfälligem Verstand alles auf einmal wegzunehmen, da ja auch derjenige, der den höchsten Gipfel besteigen möchte, Schritt für Schritt und nicht in Sprüngen nach oben kommt.«[18] Die Kontinuität der Kultstätten sollte den Heiden den Übergang erleichtern, was nichts anderes bedeutete als eine allmähliche christliche Überformung durch die Anknüpfung an heidnische Kulte.

Diese Missionsmethode kam dem diesseitigen Heilsverständnis der Heiden natürlich sehr entgegen, die die Bekehrung zum Christentum dadurch mehr als einen Glaubenswechsel verstanden und nicht so sehr als eine persönliche Neugeburt. Überdies boten ihnen etwa die Reliquien sinnlich wahrnehmbare Unterpfänder des Glaubens, eine Form, die ihnen von ihren heidnischen Kulten her bestens vertraut war. Diese in der frühmittelalterlichen Missionspraxis vielfach verwandten Reliquien wurden in kostbaren Behältern aufbewahrt. Der Reliquienkasten aus Essen-

Abb. 5: Christus als König
Reliquienkasten, wohl fränkisch, 7.–8. Jh.

Werden (Abb. 5) zeigt den Gekreuzigten in kurzer Tunika mit Kreuznimbus (Inschrift: *Rex* = König), umrahmt von zwei anbetenden Gestalten. Hier kommen also zwei Motive zusammen: Christus als neuer König der ehemaligen Heiden sowie Heiligenreliquien als sichtbare Zeichen des neuen Glaubens.

Diese von Gregor dem Großen geformte Missionsmethode hat eine merkliche Reduzierung des vor der Taufe mitzuteilenden Lehrbestandes mit sich gebracht und daher das Schwergewicht auf die innerkirchliche Nacharbeit gelegt. Im Vordergrund stand das Bemühen um die Gewinnung ganzer Völker, deren Unterweisung im christlichen Glauben erst später erfolgte. »So wurde der formale Taufakt als solcher mehr und mehr zur entscheidenden Ziel- und Grenzmarke missionarischer Arbeit.«[19] Verbunden mit der bereitwilligen Anknüpfung an heidnische Vorstellungen, entstand so anstelle eines persönlich-ethischen ein kultisch-institutioneller Frömmigkeitstypus. Die Bekehrung im biblischen Sinne wurde zu einem Fernziel der Mission. Als Christ aber galt auch der bloß Getaufte, selbst dann, wenn er sich der kirchlichen Nacharbeit entzog. Dies hat das Erscheinungsbild der mittelalterlichen Kirche, in die hinein Bonifatius geboren wurde, entscheidend mitgeprägt.

C. England als Missionszentrum

Die britischen Inseln waren auch vor der Initiative Papst Gregors des Großen nicht gänzlich in heidnischer Hand. Im Westen gab es Reste der altbritischen Kirche, entstanden zur Zeit der römischen Besatzung in der Spätantike. Außerdem existierte die bretonische Kirche im Nordwesten Galliens. Missionarische Aktivitäten sind von beiden nicht bekannt, was wohl nicht zuletzt in ihrem Haß auf die angelsächsischen Eroberer begründet war. Die von Rom vollkommen unabhängige iroschottische Kirche im Norden hingegen verfügte über Klosterzentren, die nicht nur Pflanzstätten herausragender Bildung waren, sondern auch evangelisierende Mönche aussandten. Diese recht lebendige Kirche stieß nun mit der von Kent aus nach Norden vordringenden angelsächsischen Landeskirche römischer Observanz zusammen. Nach mancherlei Auseinandersetzungen kam es 664 in Whitby zu einem entscheidenden Religionsgespräch. Als Vertreter der irischen und der römischen Richtung standen sich Abtbischof Colman von Lindisfarne (gest. 676) und Abt Wilfrith von York (634-709/710) gegenüber. Letztlich ging es bei dieser Synode, die wenige Jahre vor der Geburt des Bonifatius stattfand, um die Frage, welcher Orientierung England folgen sollte. König Oswy von Northumbrien (König 642-671), der die Synode einberufen hatte, entschied sich schließlich für Rom. Da Wilfrith es offensichtlich verstanden hatte, das ganze Pathos der Katholizität gegenüber der iroschottischen Mönchskirche ins Feld zu führen, war schließlich auch der Herrscher von der Überlegenheit des Petrus und seiner Nachfolger als dem Inhaber der Schlüsselgewalt des Himmels überzeugt.

Nach dieser Entscheidung begann die eigentliche Organisation der angelsächsischen Kirche. Der Vertreter Roms war dabei der aus Tarsos in Kilikien stammende griechische Mönch Theodor (602-690), der 669 zum Erzbischof von Canterbury berufen wurde. Auf der Synode von Hertford verkündete er 672 sein Programm: »Einhaltung des allgemeinkirchlichen Ostertermins, strenge Diözesanordnung mit klaren Grenzen, eindeutiger Zuständigkeit und strikter Bindung der Geistlichen an die bischöfliche Autorität, der Mönche an ihr Kloster, eine jährlich wiederkehrende Gesamtsynode sollte Zusammenhalt und Gemeinsamkeit der Kirche über die Grenzen der Teilreiche hinweg sichern.«[20] Bonifatius sollte später mit ganz ähnlichen Vorschriften die Reorganisation der fränkischen Kirche in Angriff nehmen.

Diese angelsächsische Kirche war eine Landes- und Staatskirche, in der sowohl Erzbischof wie König Befugnisse besaßen. So war es nicht ungewöhnlich, daß der König einen Bischof ernannte oder ihn aus seiner Kirche verwies. Überdies sicherte er der Kirche staatlichen Schutz und übte kirchliche Disziplinargewalt über Kleriker und Laien aus. Vor allem aber war diese Kirche romverbunden, was nicht zuletzt in der traditionellen Petrusverehrung der Angelsachsen zum Ausdruck kam. Und genau aus dieser Orientierung der Landeskirche sollte der Impuls zur kirchlichen Integration des Abendlandes durch Rom erfolgen. Entscheidend dafür war freilich auch, daß manch gute Impulse von der iroschottischen Kirche aufgenommen wurden, so insbesondere die Forderung nach asketischer Heimatlosigkeit (*peregrinatio*), die sich mit evangelistischer Aktivität verbinden sollte.

Der langen Tradition des Klosterwesens in England kam nun eine zentrale Bedeutung zu. Die Klöster, die in großer Zahl im gesamten Land bestanden, waren in erster Linie Stätten der Bildung und Ausbildung. Irische und angelsächsische Elemente verbanden sich hier zu einer fruchtbaren Synthese. Dort wurden prachtvoll illuminierte Handschriften wie etwa das Cadmug-Evangeliar (Abb. 6) geschaffen. Dieser Codex vom Anfang des 8. Jahrhunderts, nach dem Namen des Schreibers Cadmug benannt, enthält den nicht ganz vollständigen Text der Evangelien. Die Abbildung zeigt den Beginn des Matthäus-Evangeliums mit einer Darstellung des Evangelisten in typisch irischer Gestaltung. Der Codex, dessen kleines Format auf seine Verwendung für die private Lektüre hindeutet, stammt aus dem persönlichen Besitz des Bonifatius. Diese in den Klöstern gepflegte Gelehrsamkeit sollte später auch im karolingischen Großreich stilbildend wirken.

Vor allem aber wuchs in den angelsächsischen Klöstern

der Drang zur Mission auf dem Kontinent. Die universalmissionarische Zielsetzung Gregors fand hier ihre direkte Fortsetzung, strebten doch gegen Ende des 7. Jahrhunderts immer wieder Angelsachsen als Prediger des Evangeliums auf das Festland. Erstes Ziel ihrer Bemühungen war Friesland. Missionsversuche von seiten der fränkischen Kirche waren gescheitert, einen ersten Kirchenbau in Utrecht hatten die heidnischen Friesen schnell zerstört. Wilfrith von York hatte als erster Angelsachse im Winter 678/679 unter dem Friesenkönig Aldgisel die Möglichkeit der Glaubensverkündigung, allerdings ohne anhaltenden Erfolg. Nach ihm kam Wihtberht, der jedoch ungünstigere Voraussetzungen vorfand. Auf König Aldgisel war Radbod (gest. 719) gefolgt, der sich nicht zuletzt aus politischen Gründen gegen jeden Missionsversuch sperrte. So wirkte Wihtberht zwei Jahre lang vergebens. Größerer Erfolg war erst dem aus Northumbrien stammenden Willibrord (um 658-739) beschieden, der 690 mit der apostolischen Zahl von zwölf Gefährten nach Friesland zog. Er legte die Missionsarbeit von vornherein planvoller und unter Berücksichtigung der politischen Gegebenheiten an. Der Frankenherrscher Pippin der Mittlere (687-714, geb. um 635) hatte das südwestliche Friesland mit der Stadt Utrecht dem Friesenherzog Radbod entrissen, und es war klar, daß die Franken ganz Friesland ihrem Reich einfügen wollten. Willibrord zog deshalb sofort an den fränkischen Hof und lehnte sich an die christliche Staatsgewalt an. Das war ein denkwürdiger Schritt, »denn hier reichten sich erstmals jene aktiven politischen und geistigen Kräfte die Hand, die im 8. Jahrhundert die germanisch-lateinische Christenheit zusammenführen sollten.«[21] Die Verbindung mit der gewissermaßen zuständigen christlichen Obrigkeit wurde in der Folgezeit ebenso zu einer feststehenden Maßgabe der

Abb. 6: Beginn des Matthäus-Evangeliums
Cadmug-Evangeliar aus Irland, Anfang des 8. Jh.

angelsächsischen Mission wie die Unterstellung unter den Schutz des Papsttums. Willibrord zog schon 692 nach Rom, um sich dort Segen und Vollmacht für seine Missionsarbeit zu erbitten. Am 21. November 695 wurde er zum Erzbischof von Utrecht geweiht. Als Rückhalt für die Friesenmission diente ihm das Kloster Echternach.

Es folgten, unter dem Schutz staatlicher Macht, Jahrzehnte des Ausbaus der Kirche im friesischen Gebiet. Sobald aber der Einflußbereich der Frankenherrscher verlassen wurde, drohten den Missionaren große Gefahren. So wagte Willibrord eine Missionsexpedition nach Dänemark, mußte das Land aber auf Befehl des dänischen Königs wieder verlassen. Immerhin konnte er, auf spätere Versuche hoffend, dreißig junge Dänen mitnehmen, um sie zu Missionaren auszubilden. Auf der Rückfahrt machte er in Helgoland Station. Um den dortigen Heiden die Ohnmacht ihrer Götter vor Augen zu führen, schlachtete er heilige Tiere und ließ drei Männer in einer als Kultort geltenden Quelle taufen. Herzog Radbod, zu dessen Machtbereich Helgoland gehörte, ließ diesen Frevel blutig rächen: einen von Willibrords Gefährten traf nach dem Los der Märtyrertod. So schien Mission in jener Zeit zum Scheitern verurteilt zu sein, wenn sie ohne den Schutz einer christlichen Staatsmacht versucht wurde. Das sollte sich auch in Friesland zeigen. Nach dem Tode Pippin des Mittleren 714 stürzte das Frankenreich in eine Krise, und Radbod nutzte die Gelegenheit, sein Herrschaftsgebiet wieder auszudehnen. Die junge friesische Kirche brach zusammen. Mitten in dieser Krise, als Willibrord sich nach Echternach zurückziehen mußte, stieß ein weiterer angelsächsischer Missionar zu ihm: Bonifatius, der 716 Friesland erreichte. Er sollte durch seine Aktivitäten den Ruf Englands als Missionszentrum für den Kontinent festigen.

III. Die Situation des Christentums im frühmittelalterlichen Europa

In seinen zahlreichen Briefen nimmt Bonifatius kaum je Bezug auf die politischen Ereignisse seiner Zeit. Seine Meinung zu den vielfältigen Umschichtungen und Krisen jener Epoche ist daher nicht bekannt, man wird aber davon ausgehen dürfen, daß sie ihm durch seine Kontakte zu den Herrscherhäusern sehr wohl vertraut waren. Denn auch für seine missionarische Tätigkeit war es unerläßlich, die weltpolitischen Gegebenheiten zu berücksichtigen. Wie also stellte sich die Situation Europas zur Zeit des Bonifatius dar?

Der christliche Kulturkreis hatte seine Geschlossenheit durch die Wirren der Völkerwanderungszeit verloren und befand sich im 7. Jahrhundert in einer Phase der Neuordnung. Nach langem Ringen gewann im Westen allmählich das Frankenreich die Vorherrschaft, während im Osten das byzantinische Reich die Tradition des *Imperium Romanum* fortzusetzen versuchte. In Italien, dem Kernland der Spätantike, bildete das Papsttum den Schnittpunkt beider Mächte. Im ersten Drittel des 8. Jahrhunderts wurde diese Konstellation erneut bedroht: von Osten und Süden bestürmten arabische Stämme die Christenheit. Während die germanische Völkerwanderung zuvor zu einer Vermischung mit der antiken Kultur geführt hatte, waren die islamischen Araber zu einer solchen Assimilation nicht fähig, kamen sie doch als Träger eines religiösen Fanatismus. Dies hob ins Bewußtsein, daß sich dem christlichen Europa ein gänzlich anderer, fremder Kulturkreis vorlagerte, der von den Christen nur als Bedrohung empfunden werden konnte. Das umso mehr, als alte Kernlande des Christentums mit Zentren wie Antiochia, Jerusalem und Alexandria nun in die Hand von Fremdgläubigen fielen. Bonifatius erlebte die Höhepunkte dieser Bedrohung mit, sah aber auch, wie die christlichen Mächte mit gesammelter Kraft den arabischen Vormarsch zu stoppen vermochten. Die byzantinische Hauptstadt Konstantinopel hielt 717/718 einer Belagerung zu Lande und zu Wasser stand. Der Abwehrsieg der Griechen konnte die erlittenen Verluste zwar nicht wettmachen, führte aber zur Konsolidierung des byzantinischen Reiches im Osten. Und im Westen gelang es dem karolingischen Hausmaier Karl Martell (714-741, geb. um 676) im Oktober 732 bei Tours und Poitiers, den Arabern das weitere Vordringen von Spanien her zu verwehren. Damit war die islamische Gefahr gebannt und der Weg für den Aufstieg der fränkischen Macht offen. Das byzantinische Reich, das Frankenreich und das Papsttum: diese Mächte bestimmten die Epoche, in der Bonifatius lebte.

A. Die alte Macht im Osten: Das byzantinische Reich

Das oströmisch-byzantinische Reich erfüllte im 7. und 8. Jahrhundert seine weltgeschichtliche Aufgabe in der Abwehr der herandrängenden Araber und mußte dafür den Preis geringeren Einflusses im Westen des ehemaligen *Imperium Romanum* bezahlen. Dieses Reich »hatte sich schon in der Spätantike einer stärkeren wirtschaftlichen Festigkeit als der Westen erfreuen können und wies eine bemerkenswerte Kontinuität des zivilisatorischen Hochstandes auf, mit Städtekultur, Geldwirtschaft, Handel und Industrie, durchorganisierter Verwaltung und entwickelter Gesetzgebung.«[22] Die vielbewunderte Hauptstadt Konstantinopel, geschützt von wehrhaften Doppelmauern, galt noch immer als das politische Zentrum der Christenheit. Nach dem Erlöschen des westlichen Kaisertums im alten

Rom 476 entfaltete sich erst recht der Glanz dieser Stadt, deren amtlicher Name »Neues Rom« lautete. Kaiser Justinian I. (527-565, *482) verstand es, durch absolutistische Herrschaft der Idee des christlichen Imperiums Gestalt zu verleihen. Die byzantinische Kirche wandelte er in eine zwar einflußreiche, letztlich aber dem Staat dienende Institution um. Die kaiserliche Herrschergewalt galt als prinzipiell unbegrenzt, weshalb auch detaillierte Regelungen für die geistliche Lebensordnung und das kirchliche Ämterwesen von der kaiserlichen Gesetzgebung abgedeckt wurden. Dieses spezifisch östlich-byzantinische System charakterisiert man in der Regel mit dem Schlagwort Caesaropapismus.

Bildhaften Ausdruck findet es in den berühmten Mosaiken der 525-547 errichteten Kirche San Vitale zu Ravenna. Im Zentrum der Apsis ist der thronende Christus als Kosmokrator (Weltenherrscher) dargestellt, in der unteren Reihe links vom Altar an der Nordostwand Kaiser Justinian und rechts vom Altar an der Südwestwand Kaiserin Theodora (ca. 497-548) (Abb. 7). Die Darstellung des Kaisers im Herrscherornat mit Krone und Prachtmantel beherrscht das Mosaik. Justinian bringt eine kostbare Abendmahlspatene dar. Neben ihm Bischof Maximian von Ravenna (498-556) in Bischofsstola, ein edelsteinbesetztes Altarkreuz tragend. Die beiden im Hintergrund neben dem Bischof stehenden Diakone halten eine reich verzierte Bibel und ein Räucherbecken. Links neben dem Kaiser zwei Hofbeamte und die kaiserliche Leibwache mit goldenen Halsringen, Lanzen und einem mit dem christlichen Heilszeichen versehenen Schild. Diesem Mosaik gegenüber befindet sich das der Kaiserin Theodora, begleitet von Hofdamen in kostbaren Gewändern (rechts) und zwei hochrangigen Hofbeamten (links). Die Kaiserin, die einen Abendmahlskelch in Händen hält, ist hervorgehoben durch die perlenbesetzte Krone, prachtvolle Ohrgehänge sowie einen Prunkmantel, dessen Saum mit einer Darstel-

Abb. 7: Kaiser Justinian (oben) und Kaiserin Theodora (unten)
Wandmosaiken aus San Vitale in Ravenna, vor 547

lung der Heiligen Drei Könige geschmückt ist. Vor allem aber sind die Häupter von Justinian und Theodora von einem Nimbus umgeben, einem Heiligenschein also, der zeigen soll, daß ihnen das Herrscheramt von Gott selbst verliehen worden ist. Dieser Glaube an den göttlichen Ursprung des Kaisertums kommt auch darin zum Ausdruck, daß die Kaiserbilder sich in räumlicher Nähe zum Altar befinden und sich die Gestalten zu diesem hin bewegen.

Dieses von der engen Verbindung mit der Kirche gekennzeichnete Herrschaftsverständnis hat sich das byzantinische Reich auch nach Justinian bewahrt. Durch politische und kirchliche Wirren nahm jedoch der Entfremdungsprozeß dem Westen gegenüber zu. Gerade die östliche Kirche, deren Sprache immer das Griechische gewesen ist, war an dieser zunehmenden Hellenisierung und der damit verbundenen Lösung von Rom beteiligt. Zur Zeit des Bonifatius erhob Konstantinopel zwar noch immer den universellen Anspruch auf Leitung der Kirche als Hüter der Orthodoxie. Er war jedoch mehr ideeller Art und entsprach nicht mehr den tatsächlichen Gegebenheiten. Durch ihren politischen Brückenkopf in Süditalien waren die oströmischen Kaiser Leon III. (717-741, geb. um 675) und sein Sohn Konstantin V. (741-775) zwar offiziell noch Landesherren der Päpste, mit denen Bonifatius Verbindung pflegte. Aber für die Missionsunternehmungen des Angelsachsen waren sie ebenso wie die Ostkirche ohne Bedeutung.

B. Die neue Macht im Westen: Das Frankenreich

Im Westen des ehemaligen *Imperium Romanum* war aus den Stürmen der Völkerwanderungszeit der germanische Stamm der Franken als neue Hegemonialmacht hervorgegangen. Schon um 550 hatte das Frankenreich die immense Ausdehnung erreicht, die bis zum Beginn des 8. Jahrhunderts Bestand haben sollte. Ausgangspunkt waren die fränkischen Stammlande am niederen und mittleren Rhein, und seit der Abdrängung der Westgoten gehörte nahezu ganz Gallien dazu. Ferner waren die Alamannen, Burgunder sowie Thüringer unterworfen worden und auch die Bayern in Abhängigkeit vom Reich geraten. Außerhalb dieses Großreiches standen als weitere festländische Germanenstämme, vom skandinavischen Norden abgesehen, nur noch die Friesen und Sachsen. Beherrscht wurde dieser Vielvölkerstaat von den Franken. Der eigentliche Begründer der fränkisch-merowingischen Dynastie war Chlodwig (466-511), der um 500 nicht zum Arianismus der übrigen Germanen, sondern zur katholischen Orthodoxie übertrat. Dadurch konnte es zu einer relativ problemlosen Verschmelzung der fränkischen Eroberer mit der romanischen Stammbevölkerung kommen. Basis der Monarchie der Franken war noch immer das germanische Heerkönigtum. Die persönliche Königsherrschaft bestimmte in allen Belangen, unterstützt von der Gefolgschaft der Grafen und Herzöge. Grundlage dessen war die germanische Vorstellung vom Sakralkönigtum, das den König als Träger charismatischen Heils verstand. Diese heidnische Sicht wurde nach dem Glaubenswechsel umgedeutet in einen theokratischen Amtsgedanken. Die Ableitung der Herkunft des Königs von einem göttlichen Spitzenahn wurde ersetzt durch die kirchliche Salbung nach alttestamentlichem Vorbild. Erhalten blieb die Ansicht, das Gottesgnadentum ruhe allein auf einem Geschlecht. Doch auch hier stimmten Idee und Wirklichkeit nicht immer überein. Die merowingischen Könige standen trotz ihrer sogenannten Geblütsheiligkeit unter dem starken Druck verschiedener Adelsparteien. Vor allem die Karolinger, nach dem Ahnherrn des Mannesstammes auch Arnulfinger genannt, vermochten sich im Laufe der Zeit in den

Vordergrund zu schieben. Als Hausmaier, also als Vorsteher des königlichen Hauswesens, hatten sie überdies eine politische Schlüsselposition inne. Das merowingische Königtum degenerierte zu einem Schattenkönigtum, denn die eigentlichen Machthaber im Frankenreich waren zur Zeit des Bonifatius die karolingischen Hausmaier. Mit ihnen, Pippin dem Mittleren, Karl Martell, Karlmann (741-747, geb. vor 714, gest. 754 als Mönch) und Pippin dem Jüngeren (741-768, geb. um 715), hatte der angelsächsische Missionar es zu tun. Sie suchten im 8. Jahrhundert nach Wegen der Befestigung ihrer Macht, möglichst durch Übernahme des Königtums. Dazu mußten sie sich nicht nur der anderen Adelsparteien erwehren, sondern auch die ihnen fehlende herrscherliche Legitimation ersetzen. Ein Bündnis mit der Kirche in Rom als einigendem Band für den Vielvölkerstaat und als sakrale Bestätigung ihrer Herrschaft sollte den Karolingern die Möglichkeit eröffnen, zu den unbestrittenen Herrschern Westeuropas im früheren Mittelalter aufzusteigen.

Dieser Weg war ohne Mithilfe der Kirche kaum gangbar. Die Bekehrung Chlodwigs, von dem fränkischen Geschichtsschreiber Bischof Gregor von Tours (538/539-594) als Ergebnis eines Schlachtenwunders stilisiert, war allenfalls ein Wechsel der religiösen Vorstellungen gewesen, hatte aber eine starke fränkische Landeskirche begründet. Synodalbeschlüsse gegen Naturkulte, Magie und Zauberei verdeutlichen zwar die Probleme der Kirche, gleichwohl galt für Gregor von Tours am Ende des 6. Jahrhunderts die allgemeine Kirchenzugehörigkeit als selbstverständlich. Königtum und Adel verfügten über kirchliche Belange, Chlodwig etwa setzte Bischöfe ein und verstand sich selbst auch als Herr über die Kirche. Theologisch gesehen war das Frömmigkeitsprofil der fränkischen Nationalkirche eher bestimmt von naiven bis heidnischen Formen wie Heiligenverehrung, Reliquienkult und Dämonenfurcht. Im Anschluß an die Bekehrungsgeschichte des Chlodwig verstand man Christus als König und als fränkischen Nationalgott. Mit dem Niedergang der Merowinger setzte auch ein Verfall der fränkischen Kirche ein. Seit der Mitte des 7. Jahrhunderts erlosch die Verbindung zum Papsttum völlig, der Episkopat verstrickte sich mehr und mehr auch in politische Rivalitäten. Ablesbar wird dieser Umstand an der Tatsache, daß keine Synoden mehr stattfanden. Die Erneuerung der fränkischen Kirche war daher dringend geboten, zumal wenn die Karolinger auf ihre Hilfe bei der Machtkonsolidierung rechnen wollten. Darüber hinaus war das vollkommene Fehlen missionarischer Kompetenz gegenüber den heidnischen Stämmen an den Grenzen des Reiches ein unhaltbarer Zustand. Bonifatius war der Mann, der im Bündnis mit den Karolingern dieses schwierige Werk in Angriff nehmen sollte.

Die Situation des Christentums im Frankenreich wird ablesbar an dem Grabstein von Niederdollendorf bei Bonn vom Ende des 7. Jahrhunderts (Abb. 8). Auf den Gräbern der Franken standen meist Holzpfeiler, verziert mit Schnitzwerk. Der Niederdollendorfer Grabstein wird nach einem solchen Vorbild gestaltet worden sein. Die Vorderseite zeigt den im Grabe ruhenden Toten, ausgerüstet mit Schwert und Feldflasche. Durch das Kämmen seines Haares, das in vielen Religionen als Sitz der Lebenskraft galt (vgl. Simson und Delila, Ri. 16,17), weist er auf deren Fortwirken auch über den Tod hinaus hin. Die den Verstorbenen umgebenden Schlangen sind nach germanischem Glauben die verwandelten Seelen der Toten, die ihn in ihrem dunklen Reich in der Tiefe der Erde willkommen heißen. Konträr dazu ist die Darstellung der Rückseite, die das bislang früheste bekannte germanische Bild Christi zeigt. Der Heiland ist in eine auf beiden Seiten von rechtwinkligen Strahlen durchbrochene mandelförmige Lichtaureole, die Mandorla, gestellt, das Haupt umgeben von einem Strahlennimbus. Als Vorbild diente wohl eine Figur Christi in kaiserlicher Rüstung. Darauf deutet der Kreis auf der

Abb. 8: Christusdarstellung (links) und Bild eines Verstorbenen (rechts). Grabstein aus Niederdollendorf, Ende des 7. Jh.

Brust, eine vereinfachte Nachbildung des Löwen- oder Gorgonenhauptes auf dem Kaiserpanzer. An die Stelle des Kreuzes (vgl. Abb. 4, S. 20) ist die Lanze getreten, in der germanischen Überlieferung das Symbol des Königs. Durch die Lanze ist Christus als der mächtige Himmelskönig charakterisiert, der Macht hat, die Dämonen zu zertreten. Das Flecht- und Zickzackband unter seinen Füßen stellt solche dämonischen Wesen dar, besonders Hades, den Gott der Unterwelt. Der christliche Charakter des Grabsteines wird durch die in der Abbildung nicht sichtbaren X-Zeichen (Teil des aus X = griech. Chi und P = griech. Rho gebildeten Christusmonogramms) auf der Oberseite eindeutig erwiesen. In seiner Vermischung heidnischer und christlicher Glaubensvorstellungen durch die zwei unterschiedlichen Seiten spiegelt der Stein die vielfach begegnende heidnische Auffassung des Christentums, die typisch ist für die Denkweise der fränkischen Kirche.

C. Im Spannungsfeld der Mächte: Das Papsttum

Im Schnittpunkt der sich wandelnden politischen Kräfte von Ost und West stand das Papsttum. Seit der konstantinischen Wende im 4. Jahrhundert hatte sich die Kirche unter der Obhut der Kaiser in der geeinten Welt des *Imperium Romanum* als Reichskirche entfalten können. Im Zuge einer längeren Entwicklung war es dem römischen Bischof gelungen, unangefochten die Spitze der Westkirche zu erringen. Päpste wie Leo der Große (440-461, geb. Ende des 4. Jhdts.) und Gregor der Große vermochten diese Machtbasis zu erweitern, nicht zuletzt auch durch Festigung und Ausbau des sogenannten Patrimoniums Petri, den durch testamentarische Verfügungen gewachsenen Landbesitz in Italien. In den Zeiten des Umbruches nach der Völkerwanderungszeit stellte die Kirche den die Tradition bewahrenden ruhenden Pol dar. Sie hielt die Idee des einen Reiches mit der einen Kirche aufrecht. Schon von daher war die Bindung Roms an das byzantinische Kaisertum in Konstantinopel gerade angesichts der raschen Veränderungen im Westen fest geblieben. Spätestens vom 6. Jahrhundert an führten jedoch die durch mancherlei theologische Streitigkeiten entstandenen Wirren zu einer immer deutlicher werdenden Distanz zwischen Rom und Konstantinopel, die das Papsttum in der zweiten Hälfte des 7. Jahrhunderts in eine tiefe Krise führen sollte. Denn einerseits waren die Päpste noch immer nach Osten orientiert, andererseits bestanden aber erhebliche Lehrunterschiede zwischen Ost und West. Das Papsttum drohte dadurch seine Autorität zu verlieren. Durch die geschichtlich eigentlich überholte Bindung an Konstantinopel geriet es überdies in die Gefahr, zu einem byzantinischen Rumpfpatriarchat inmitten der sich neu bildenden Völkerwelt des Westens zu werden. Vor allem aber wurden dadurch die Kräfte des Papsttums gebunden, und es war kaum noch fähig, konsequent an der Gewinnung der Germanenvölker für das Christentum zu arbeiten. Bedenkt man die arianische Orientierung mancher Germanenstämme, so war es noch gar nicht ausgemacht, daß Rom die kirchliche Führungsmacht des Westens bleiben werde. Insgesamt betrachtet war also mit der Ablösung der politischen Einheit des *Imperium Romanum* durch das System unterschiedlicher Germanenstämme das geistliche wie das organisatorische Gefüge der lateinischen Gesamtkirche des Westens zerfallen.

Verschärft wurde die prekäre Lage des Papsttums noch durch den Einfall der Langobarden in Italien. Seit 568 drangen sie, aus Pannonien, dem heutigen Ungarn, kommend, in Norditalien ein. Ihr Hauptsiedlungsgebiet wurde die Poebene mit Pavia als Hauptstadt; in der Landschaftsbezeichnung Lombardei lebt ihr Name bis heute fort. Aber sie rückten auch weiter nach Süden vor und bildeten die Herzogtümer Spoleto und Benevent. Da die Langobarden teils Heiden, teils Arianer waren, bedrängten sie die Kirche. Der Papst in Rom befand sich demnach in einer instabilen Mittellage: im Norden des Kirchenstaates die Langobarden, im Süden die von Byzanz gehaltenen Gebiete. Italien sollte vom 6. bis zum 19. Jahrhundert in dieser politischen Zerrissenheit existieren.

Für das Papsttum ergab sich aus alledem die Notwendigkeit einer neuen Orientierung. Eine Voraussetzung dafür bot die Entscheidung der Franken für den Katholizismus. Eine andere schuf Papst Gregor der Große durch die Angelsachsenmission. Durch diese einzigartige Initiative entstand am Rande Europas eine romverbundene Landeskirche, aus deren Eigencharakter der Impuls zur kirchlichen Integration des westlichen Abendlandes entstehen sollte. Die Verbindung der Angelsachsen mit Rom verschaffte der Idee und der Autorität des Papsttums eine Resonanz, die es in kritischer Situation aus eigener Kraft kaum erreicht hätte. Bonifatius (Abb. 9) war an diesem Prozeß entscheidend beteiligt. Mitte des 8. Jahrhunderts wurde er schließlich durch das Bündnis zwischen Papsttum und Frankenreich abgeschlossen, eine Verbindung, deren Auswirkungen das Mittelalter bis hin zur Reformation bestimmte.

Abb. 9: Bonifatius (früheste Darstellung mit Bart)
Gemälde an der Orgelempore der Pfarrkirche Abenheim bei Worms, um 1730

IV. Wynfreth-Bonifatius – Missionar und Kirchenorganisator

A. Das Werden eines Missionars (672/675-718)

1. Herkunft und Erziehung

Wynfreth stammt aus Wessex, einem im 6. Jahrhundert entstandenen Königreich im Südwesten Englands. Zu seiner Zeit herrschten dort die Könige Caedwalla (685-688) und Ine (688-726), die beide ihr Königtum aufgaben, um als Pilger nach Rom zu ziehen. Dieser Umstand verdeutlicht den Wandel, den Wessex im Verlaufe eines Jahrhunderts durchmachte. Denn wie die meisten angelsächsischen Königsdynastien, so behaupteten auch die früheren Herrscher von Wessex, direkt von dem germanischen Kriegsgott Wotan abzustammen. Nun aber verstanden sie sich als christliche Könige, die im Bündnis mit den Priestern für eine Kirchenorganisation in ihrem Land sorgten. So war in Dorchester nahe Oxford bereits 634 das erste Bistum eingerichtet worden.

Wynfreth wurde also in einem westlichen Vorposten der romverbundenen angelsächsischen Landeskirche geboren. Über seine Kindheits- und Jugendjahre fehlen verläßliche Daten. Sein Geburtsort liegt wohl in der Nähe von Exeter. Als durchaus möglicher Ort wird seit dem 14. Jahrhundert Crediton im äußersten Westen von Wessex genannt, das von 909 bis 1050 Bischofssitz war. Als Zeitpunkt von Wynfreths Geburt nimmt man die Jahre 672 bis 675 an, auch hier fehlen sichere Nachrichten. Sein Taufname ist ein typisch zweisilbiger altenglischer Name, zusammengesetzt aus den Elementen *wyn* (Freude) und *freth* (Friede). Möglicherweise entstammt ein Bestandteil dem Namen seines Vaters, der andere dem seiner Mutter. Wenn Wynfreth auch aus Demut einmal seine geringe Herkunft betonte, so gilt es doch nach verschiedenen Zeugnissen als erwiesen, daß er dem niederen Adel des Landes angehörte. Seine Familie waren sogenannte *ceorls,* Landbesitzer mit beträchtlichem Eigentum, die nur den König als Herren über sich hatten.

Über Wynfreths Kindheitsjahre ist wenig bekannt. Sein Biograph Willibald bemerkt lediglich: »Nachdem er also im frühesten Kindesalter, wie üblich, mit großer mütterlicher Sorge und Mühe entwöhnt und aufgezogen worden war, wurde er vom Vater in großem Wohlgefallen vor den anderen Söhnen ungemein bevorzugt.«[23] Nun ist es für solche Lebensbeschreibungen typisch, daß die Autoren sie vom seligen Ende ihres Helden her konzipieren. Dementsprechend wird schon der Bericht seiner Kindheit so gestaltet, daß der Leser bereits die zukünftige Heiligkeit des Helden zu erkennen vermag. Zu diesen toposhaften Elementen gehört etwa die Kunde vom Drang des Kindes, sich ganz dem Dienste Gottes weihen zu wollen. Man darf dies freilich nicht nur als bloße Formel abtun, denn in jener Epoche heroischen Christentums glaubte man in der Tat an die besondere Führung der Heiligen von ihrer Geburt an. Dies bringt auch Egburg, eine Schülerin des Wynfreth, in einem Brief zum Ausdruck. Sie rühmt die »göttliche Gelehrsamkeit« des von ihr schwärmerisch verehrten Wynfreth, der von frühester Lebenszeit an Tag und Nacht über Gottes Gesetz nachsinne und deshalb »bei der Wiedergeburt, wenn die zwölf Apostel auf zwölf Stühlen sitzen, auch dort sitzen« werde.[24] Ein späteres bildliches Echo auf diese sich nach Überzeugung der Zeitgenossen schon in der Kindheit des Bonifatius abzeichnende Lebensperspektive stellt der Einbanddeckel des berühmten *Codex Aureus* von Echternach dar (Abb. 10). Es handelt sich dabei um eine Elfenbeinplatte, die Christus am Kreuz zwischen Lon-

Abb. 10: Christus am Kreuz, umgeben von Heiligen und den kaiserlichen Stiftern
Deckel des Codex Aureus von Echternach, 983–991

*Abb. 11: Bonifatius (wohl früheste Einzeldarstellung)
Detail des Deckels vom Codex Aureus von Echternach,
983–991*

ginus und Stephaton über der hockenden Personifikation der Erde (*Terra*) darstellt. Die kraftvoll-realistische Darstellung gehört zu den herausragenden Zeugnissen ottonischer Elfenbeinkunst, entstanden in Trier um 985-991. Umgeben ist die Elfenbeinplatte mit Bändern aus Vollschmelzen sowie filigranierten, mit Edelsteinen und Almandinauflagen besetzten Plättchen, Perlschnüren und getriebenen Goldblechreliefs, befestigt auf einer Eichenholzplatte von beträchtlicher Größe (44 x 31 cm). Die stark verdrückten Goldblechreliefs stellen die vier Paradiesesflüsse und die Evangelistensymbole dar sowie durch Inschriften bezeichnete Heilige und die kaiserlichen Stifter des Codex, Otto III. (983-1002, *980) und seine Mutter Theophanu (950/955-991). Links oben ist Maria über Willibrord abgebildet, darunter der Heilige Benedikt (480/490-555/560) über Otto III., rechts unten Liudger (742-809) über Theophanu und darüber Petrus (gest. 67) über Bonifatius. Die Darstellung des Bonifatius, die durch die Kombination mit Petrus seine besondere Romverbundenheit zum Ausdruck bringt, gilt als die früheste Einzeldarstellung des Missionars (Abb. 11). Sie verdeutlicht überdies die apostelgleiche Stellung des Heiligen, die sich bereits in der Kindheit des Wynfreth als Lebensperspektive andeutete.[25]

2. *Klosterjahre*

Obwohl Wynfreth im westlichen Grenzgebiet von Wessex aufwuchs, wo sich angelsächsische und britische Stämme berührten, gehörte er doch einer Generation an, die den Entscheidungskampf zwischen iroschottischer und römischer Observanz nicht mehr miterlebte, sondern in die aufstrebende romverbundene Landeskirche hineinwuchs. Manche Familien erfuhren in jener Zeit nach anfänglich oberflächlicher Christianisierung echte Bekehrungen, die sie dazu drängten, etwas für Gott zu tun. Eine Ausdrucksform dafür war, daß Eltern ihre Kinder Gott weihten und sie zur Erziehung einem Kloster übergaben. Bei solchen Entscheidungen spielte nicht nur der Versorgungsaspekt eine Rolle, sondern auch die Hoffnung der Eltern, dadurch etwas für das eigene Seelenheil zu leisten.

Im Fall von Wynfreth sah es jedoch ganz anders aus. Sein Biograph weiß von einem dramatischen Ringen zwischen Vater und Sohn zu berichten. Da Wynfreth schon als kleines Kind »von allem Vergänglichen seinen Geist abgewandt und mehr über Himmlisches denn über Gegenwärtiges nachzudenken begonnen hatte, bemühte er sich im Alter von ungefähr vier oder fünf Jahren, sich dem Dienste Gottes zu weihen und in starkem Geistesstreben beständig nach dem Klosterleben zu trachten und dieses täglich mit allen Kräften seines Herzens zu erstreben.«[26] Die Anregung dazu bekam er wohl von Wanderpredigern, die sich auch am Hofe seiner Eltern einfanden. Da das Königreich Wessex noch nicht flächendeckend mit Kirchsprengeln überzogen war, oblag solchen Geistlichen die Seelsorge. Von ihnen erhielt der kleine Wynfreth die ersten geistlichen Eindrücke, nicht von seinen Eltern. Mag dies von seinem Biographen auch formelhaft ausgestaltet worden sein, findet sein Bericht doch eine Bestätigung durch die Tatsache, daß Bonifatius zeit seines Lebens weder seine engste Heimat noch seine Eltern je erwähnt hat.

Nachdem für Wynfreth infolge der Unterredungen mit den Wanderpredigern der Entschluß, in ein Kloster einzutreten, an Festigkeit gewonnen hatte, eröffnete er seinem Vater diesen Wunsch. Teils durch Drohungen, teils durch verlockende Angebote, versuchte der Vater jedoch, ihn von diesem Vorhaben abzubringen. Unter anderem stellte er seinem Sohn in Aussicht, ihn zum Erben des Hofes einzusetzen (was darauf hindeutet, daß Wynfreth noch mindestens einen älteren Bruder hatte, da ihm andernfalls das Erbe ohnehin zugefallen wäre). Willibald berichtet weiter: »Jedoch der schon als Kind von Gott erfüllte Mann eignete sich, je mehr Hindernisse ihm vom Vater in den Weg gelegt wurden, um so größere Tapferkeit des Geistes an und strebte eifrig danach, sich den himmlischen Schatz zu erwerben und sich dem Studium der heiligen Wissenschaften mit Eifer zu widmen. Da geschah es auf sonderbare Weise, wie ja immer die göttliche Barmherzigkeit zu handeln pflegt, daß Gottes Fürsorge seinem jugendlichen Streiter Trost im begonnenen Werke und Stärkung seines angstvollen Wunsches schenkte, sowie auch den widerstrebenden Geist des Vaters plötzlich änderte, da zu derselben Zeit den Vater eine heftige Krankheit ergriff und einem schnellen Tode entgegenzuführen schien, und der fromme Wunsch des Knaben, der lange Zeit hindurch behindert war, nun schnell wuchs und durch des Herrn Beistand in seinem Wachstum erfüllt und vollendet wurde.«[27]

Durch die Krankheitskrise überwunden, willigte der Vater ein, und Wynfreth wurde nach Erledigung der mit einem Klostereintritt verbundenen Rechtsfragen um 680 wohl als Siebenjähriger dem Abt Wulfhard des Klosters Aet Exanceastre, dem heutigen Exeter, übergeben. Als *puer oblatus* (ein Gott dargebrachtes Kind) war er dadurch für immer rechtsverbindlich dem Mönchsdasein verschrieben. Damit war der Schritt zu einem Leben in der *peregrinatio* vollzogen, die fortan das Leben Wynfreths bestimmen sollte. Willibald bemerkt dazu: »So gewann der nun des irdischen Vaters beraubte Mann Gottes zum Adoptivvater den, der uns erlöst hat, und indem er dem irdischen Gewinn dieser Welt entsagte, strebte er danach, sich den Schatz der ewigen Erbschaft zu erwerben, um nach dem untrüglichen Wort der Wahrheit, indem er Vater und Mutter, Äcker und anderes, was von dieser Welt ist, verließ, es hundertfältig wieder zu gewinnen und das ewige Leben zu ererben.«[28] Nach diesem ›Wechsel‹ der Verwandtschaft war nun das Kloster die neue Heimat Wynfreths. Nichts dürfte ihn für sein Leben mehr geformt haben als diese ersten Klosterjahre. Bei der Christianisierung Englands kam den Klöstern ebenso wie in der iroschottischen Kirche die entscheidende Bedeutung als Zentren für die Ausbreitung des Glaubens und als Lehrstätten für den Priesternachwuchs zu. Geprägt von Theologen unterschiedlichster Herkunft, wurden sie durch die Bündelung

Abb. 12: Die Mönche von Canterbury gehorchen der Regel des Hl. Benedikt

irischer, fränkischer, römischer und griechischer Einflüsse zu Zentren wirklicher Bildung. Ausgerichtet war das Klosterleben meist nach der Regel des heiligen Benedikt von Nursia, des Vaters des abendländischen Mönchtums (Abb. 12; vgl. Abb. 10, S. 48), wobei nach örtlichen Gegebenheiten auch gewisse Veränderungen der berühmten *Regula Benedicti* möglich waren. Wynfreth jedenfalls folgte ihr, denn Willibald betont, daß er allen Gehorsam erwies, »die mit ihm gemeinsam lebten, namentlich dem Abt, dem er nach den Vorschriften der Regel in mönchischer Demut untertan war, so daß er bei der täglichen Handarbeit und in der regelmäßigen Erfüllung seiner Pflichten unentwegt an den Vorschriften und bewährten Satzungen des seligen Vaters Benedikt festhielt.«[29]

Wynfreth strebte nach geistlicher Gelehrsamkeit, weshalb ihm die Schlichtheit des Grenzklosters Exeter bald nicht mehr genügte. Zu einem nicht näher bestimmbaren Zeitpunkt wechselte er in das Kloster Nursling (Nhutscelle), unweit der Bischofsstadt Winchester nordwestlich von Southampton gelegen. Unter dem dortigen Abt Wynbercht (Winbert; Abt frühestens seit 701, gest. 717), von dem er noch in hohem Alter voller Verehrung sprach[30], wurde ihm nun eine gediegene Bildung zuteil. Sie vollzog sich ganz im Geiste Aldhelms (um 640-709), der damals Abt des Klosters Malmesbury war. Er führte als der Begründer der lateinischen Literatur und Kultur der Angelsachsen diese zugleich zu einem ersten Höhepunkt. Noch lange war an den Schriften des Bonifatius das Bemühen zu spüren, diesem Vorbild nachzueifern. Der junge Mönch studierte hier vor allem die Heilige Schrift Alten und Neuen Testamentes, die Schriften der lateinischen Kirchenväter und erwarb sich über das Normale hinausgehende Kenntnisse in Grammatik und Metrik.

Der Lernstoff wurde schon in jener Zeit durch Bücher vermittelt. Diese waren damals kostbare Handschriften, deren Herstellung oft viele Jahre in Anspruch nahm. Das

Abb. 13: Kanontafel
Book of Kells, wohl aus Iona, Schottland, um 800

berühmte, um 800 geschriebene *Book of Kells* ist ein solches Beispiel. Es enthält die vier Evangelien in einer auf der Vulgata beruhenden lateinischen Fassung, verbunden mit erläuternden Schriften und geschmückt mit prachtvollen Farbillustrationen (sogenannte Illumination). Für die Herstellung dieses Codex waren beträchtliche Mittel erforderlich. Das Pergament beispielsweise lieferten die Häute einer Herde von 150 Kälbern. Auch die für die Illumination verwendeten Farben verursachten erheblich Kosten. Blau etwa wurde aus der orientalischen Indigopflanze, dem nordeuropäischen Färberwaid oder, für bestimmte Blautöne, aus Lapislazuli hergestellt, einem Stein, der im Mittelalter den gleichen Wert wie Gold hatte. Lapis mußte von Händlern aus Bergwerken im Gebiet von Badaghschan in Afghanistan am Fuße des Himalaya besorgt werden. Da man der Meinung war, der Einband müsse dem reichen Inhalt eines Buches angemessen sein, gestaltete man diesen besonders kostbar (vgl. Abb. 10, S. 48). Aufgewahrt wurden solche Bücher in eigens dafür gefertigte Ledertaschen, die an den Wänden der Klosterzellen hingen. Besonders prachtvoll illuminiert ist beim *Book of Kells* die Kanontafel, eine Übersicht der Evangelienperikopen (Abb. 13). In solchen Büchern, freilich nicht immer in solch exzeptionellen Exemplaren, hat Wynfreth studiert.[31]

Wynfreth erwarb sich bald den Ruf eines hervorragenden Gelehrten, der ganz in der Tradition angelsächsischer Bildung stand. Sein Ruf verbreitete sich im Lande, so daß lernbegierige Mönche nach Nursling kamen, um von ihm zu lernen. Neben der wörtlichen und der allegorischen Schriftauslegung betrieb Wynfreth vor allem Grammatik und Metrik und hatte darüber hinaus einen Ruf als Meister der Verskunst und des rhetorischen Stiles. Von seinen damaligen Schriften sind erhalten Bruchstücke einer Me-

Abb. 14: Von Bonifatius gefertigtes Figurengedicht Würzburger Handschrift aus dem 10. Jh.

trik und eine unvollständige Grammatik, die er in Zusammenarbeit mit seinem Schüler Dudd einem nicht näher bekannten Sigbercht gewidmet hat. Sie beruht weithin auf den Arbeiten des Grammatikers Aelius Donatus (ca. 310-380), die im Mittelalter die meistbenutzten Lehrbücher waren. Das preziös gestaltete Widmungsschreiben stellt den ersten uns erhaltenen Bonifatiusbrief dar. Auf der Titelseite der Grammatik findet sich ein kunstvolles Figurengedicht in Ellipsenform, dessen Mitte das Kreuz bildet, zweimal mit der Inschrift »Jesus Christus« versehen (Abb. 14). Erhalten ist es in einer Würzburger Handschrift aus dem 10. Jahrhundert. Wynfreth schreibt selbst zur Erläuterung des Kreuzgedichtes, daß die beiden Hälften der Ellipse das Alte und das Neue Testament darstellen sollen, die beide nach dem Kreuz Christi hinstreben. Denn, so teilt er Sigbercht mit, »Du sollst wissen, daß Du die einzelnen Bestimmungen des Alten und des Neuen Testamentes dann in der den Kirchensatzungen entsprechenden Weise verstanden hast, wenn Du in der Mitte mit geistigen Augen betrachtend den Christus am Kreuz erblicken kannst, der das Bauwerk der bösen Begierde zerstört und den Tempel der gütigen Liebe erbaut.«[32]

Im kanonisch vorgeschriebenen Alter von mindestens dreißig Jahren, also wohl in dem Zeitraum von 702 bis 705, empfing Wynfreth die Priesterweihe, die vermutlich von Landesbischof Haeddi von Winchester (Bischof 676-705) vorgenommen wurde. Das Wichtigste war für Wynfreth in diesen Jahren der Ausbildung und der Lehrtätigkeit das Verwurzeltsein in der Heiligen Schrift. Dies bringt er auch in einem Schreiben an den sonst unbekannten Nithard zum Ausdruck, den er 716/717 ermahnte, »durch Unterdrückung aller unnützen Hindernisse durch andere Dinge danach zu trachten, die Beschäftigung mit der heiligen Schrift angestrengten Geistes zu betreiben«, gebe es doch nichts Bedeutenderes »als die Kenntnis der heiligen Schriften«.[33] Wynfreth selbst hat sich dieses zentrale Erbe seiner

Klosterjahre bis zu seinem Lebensende bewahrt, zeugen doch gerade seine Briefe von seinem vertrauten Umgang mit der Bibel.[34]

3. *Missionsversuche*

Neben seiner Lehrtätigkeit war Wynfreth auch als Prediger und Seelsorger sowie als Kirchenpolitiker tätig, letzteres offenbar so erfolgreich, daß man ihn zu verschiedenen Synoden hinzuzog. Von seinem Vorbild Aldhelm, der 705 Bischof von Sherborne geworden war, lernte er den Einsatz für romorientierte Kirchengewohnheiten und die Bedeutung guter Kontakte zu den Herrscherhäusern kennen. Alles deutete darauf hin, daß Wynfreth einer glänzenden Klosterlaufbahn entgegenging. Aber es kam ganz anders. Willibald bemerkt dazu kurz: »Weil aber ein Gott geweihter Geist sich nicht durch die Gunst der Menschen hervorgehoben noch durch deren Lobsprüche getragen fühlt, so begann er in großen Mühen und Sorgen anderem eifrig nachzustreben, den Umgang mit seinen Eltern und Verwandten zu meiden und sich mehr nach der Fremde als nach den Orten im Lande seiner Väter zu sehnen.«[35] Wynfreth wurde von dem Ideal der asketischen Heimatlosigkeit (*peregrinatio*) ergriffen, das bei den Angelsachsen nicht zuletzt durch das Vorbild der Iroschotten eine große Tradition hatte. Moderne Biographen haben seelische Krisen oder Hindernisse in der Karriere vermutet und damit ihr Unverständnis für geistliche Entscheidungen belegt, nicht aber Wynfreths Motive erklärt. »Es mag die Sehnsucht nach der Ferne, es mag der Drang nach Tätigkeit, der sicher in dem zum Organisator geborenen Mönche lebte, mitgewirkt haben, aber wenn es so war, so verkleideten sich diese Motive in die Überzeugung, daß nur, wer alles verläßt, ein vollkommener Christ sei: wie Hunderte vor und nach ihm führte ihn das mißverstandene Wort in die Ferne, daß man um Christi willen die Eltern und das Vaterland verlassen müsse.«[36]

Wynfreth mag von Schwierigkeiten Willibrords in Friesland gehört haben und entschloß sich vielleicht deshalb, wohlausgerüstet mit einigen Gefährten dorthin zu reisen. Im Frühjahr 716 begab er sich zu dem Verkehrsknotenpunkt London und fand dort rasch eine Schiffspassage nach Doristat, dem heutigen Wijk bij Duurstede am Niederrhein, das damals Mittelpunkt des friesischen Seehandels war. Der Zeitpunkt erwies sich allerdings als äußerst unglücklich, denn der Friesenherzog Radbod hatte gerade das südwestliche Friesland von den Franken zurückerobert, und das Missionswerk Willibrords war zusammengebrochen. Radbod, vor dem nun Wynfreth als Glaubensbote erschien, ließ sich auch von diesem nicht überzeugen, gestattete aber immerhin die Predigt im Lande. Aber die Verkündigung blieb erfolglos. In den Augen der heidnischen Friesen hatte sich Christus nicht als der stärkere Gott erwiesen, war es ihnen doch gerade gelungen, die gläubigen Franken zu schlagen. Ohne Unterstützung durch die Staatsgewalt schien Mission damals nicht möglich zu sein, was Wynfreth 716 lernen mußte. Sein erster Missionsversuch scheiterte, und bereits im Herbst 716 kehrte er in sein Kloster Nursling zurück.

Im Jahre 717 starb dort Abt Wynbercht, und die Brüder des Klosters wählten Wynfreth zu seinem Nachfolger. Er wird dieses Amt zumindest für kurze Zeit auch ausgeübt und sich vermutlich wieder in die Bücher der Klosterbibliothek vertieft haben. Dazu könnte das Studium von Konzilsbestimmungen gezählt haben, die etwa in der Sammlung aus Northumbrien vom Anfang des 8. Jahrhunderts enthalten sind (Abb. 15), denn für seine zukünftige Arbeit war die Kenntnis solcher kirchenrechtlicher Texte bedeutsam. Es blieb nämlich auch weiterhin das Ziel Wynfreths, als Missionar auf dem Festland zu wirken. Daher entsagte er auch bald der Abtswürde, was ihm der weitsichtige Bischof Daniel von Winchester (Bischof 705-745, gest. 746) durch die Bestimmung eines neuen Abtes

Abb. 15: Initialseite mit dem Wort »Domino vener(abili)« Sammlung von Konzilskanones, Northumbrien, Anfang des 8. Jh.

für Nursling ermöglichte. Versehen mit einem Empfehlungsschreiben Daniels, verließ Wynfreth im Herbst 718 endgültig seine angelsächsische Heimat, um für 36 Jahre auf dem Kontinent als Missionar und Kirchenorganisator zu wirken.

B. Als Missionsbischof im fränkischen Reich (718-732)

1. Die Anfänge als Missionar

Wynfreths endgültiger Aufbruch in das Missionarsdasein verlief weitaus geplanter als 716. Denn nun begab er sich nicht direkt auf ein neues Missionsfeld, sondern bemühte sich zunächst um päpstliche Unterstützung. Überdies ließ er sich von Bischof Daniel von Winchester einen Geleitbrief geben, in dem dieser »den frommen Priester und Diener des allmächtigen Gottes Wynfreth« der Fürsorge aller Könige, Herzöge, Bischöfe, Äbte, Priester und Gläubigen anempfahl.[37] So ausgerüstet, reiste Wynfreth mit einigen Gefährten im Spätherbst 718 wohl über die alte Alpenpaßstraße des *Mons Jovis* (später Großer St. Bernhard) nach Rom. Sein Biograph Willibald erzählt, daß es sich dabei eigentlich um eine Wallfahrt handelte: »Und als sie sich alle gesammelt hatten und schon die Winterkälte einzubrechen drohte, reisten sie Tag für Tag weiter und besuchten viele Kirchen der Heiligen, betend, daß es ihnen vergönnt sein möge, unter dem Schutz des Hochthronenden die Schneegipfel der Alpen zu übersteigen . . . Nachdem dann unter dem schützenden Beistand und der Fürsorge Gottes die ganze Gruppe der Glaubensgenossen, die sich diesem heiligen Manne als Begleiter angeschlossen hatte, glücklich zu den Schwellen des seligen Apostels Petrus gekommen war, statteten sie sofort Christus für ihr Wohlergehen unendlichen Dank ab und betraten dann in großer Freude die Kirche des heiligen Petrus, des Apostelfürsten, hier um

Vergebung ihrer Sünden betend, wobei sehr viele von ihnen mancherlei Geschenke darbrachten.«[38] Diese Pilgerfahrt zu den ›Schwellen der Apostel‹ war symptomatisch für das Selbstverständnis Wynfreths. Trotz des Begleitschreibens Daniels wandte er sich offenkundig nicht an die politischen und kirchlichen Größen des Frankenreiches, sondern direkt an den Papst. Diese für die Angelsachsen so zentrale Romverbundenheit sollte dann auch das spezielle Element sein, das Wynfreth zur Grundlage für seine landeskirchliche Reformarbeit wurde.

Leicht kann man sich vorstellen, daß der Aufenthalt in Rom für Wynfreth und seine Gefährten tief bewegend gewesen sein muß, erlebten sie doch nun die Lebendigkeit der Tradition, der ihre Landeskirche verpflichtet war. Wynfreth kam überdies die Ehre zu, bis in das Frühjahr 719 hinein von Papst Gregor II. (669-731; Papst seit 715) häufig zu Gesprächen eingeladen zu werden. »Freilich wäre es unrealistisch, dabei an eingehende Anweisungen des Papstes, an Instruktionen für Winfrid zu denken. Noch war die römische Kirche ganz italisch-byzantinisch orientiert, die Länder nördlich der Alpen und vollends die peripheren Germanenstämme lagen kaum in ihrem Blickfelde. Nicht eigene Initiative des Papsttums knüpfte neue Fäden an, vielmehr begann umgekehrt die germanische Welt den Weg nach Rom zu suchen, als die in ihr schlummernde Beharrungskraft der universalkirchlichen Idee zu neuer Aktivität aufdämmerte.«[39] Deshalb dauerte es wohl bis zum 15. Mai 719, bis Wynfreths Drängen Erfolg hatte. An diesem Tage erteilte ihm der Papst »in den volltönenden Worten, die man in Rom zu verwenden liebt«[40], den Auftrag zur Mission bei den Völkern Germaniens: »Da wir nun erfahren, daß Du von Kind auf in der Heiligen Schrift unterrichtet worden bist und daß Du, herangereift im Blick auf die Liebe Gottes, zur Mehrung des Dir vom Himmel anvertrauten Pfundes Deine Begabung dahin richtest, daß Du die Gnade der Kenntnis des göttlichen Wortes in unablässiger Bemühung auf das Werk heilbringender Predigt verwendest, um ungläubigen Völkern das Geheimnis des Glaubens bekannt zu machen, so freuen wir uns mit Dir Deines Glaubens und wollen Mithelfer werden an Deinem Gnadenvorzug.« Deshalb beauftragte Gregor II. Wynfreth: »Daß Du ... bei allen im Irrtum des Unglaubens befangenen Völkern, zu denen Du unter Gottes Geleit gelangen kannst, den Dienst am Reich Gottes unter Anrufung des Namens Christi unseres Herrn und Gottes, von der Wahrheit angestiftet darstellst und im Geist der Tugend, der Liebe und der Nüchternheit die Verkündigung beider Testamente bei den unkundigen Gemütern in angemessener Weise verbreitest.«[41] Die Missionsvollmacht des Papstes spricht nur allgemein von der Glaubenspredigt bei den Heiden und nennt kein bestimmtes Volk. Wichtiger war für Wynfreth der Anspruch des Papsttums auf die zentrale Leitung aller kirchlicher Aktivitäten, was zwar nicht der historischen Situation, wohl aber dem Selbstverständnis des Angelsachsen entsprach. Daß er nach dem Zeugnis seines Biographen von Gregor II. nach Thüringen geschickt wurde, das man in Rom als christianisiert betrachtete, erhellt freilich den Vorrang der Kirchenorganisation vor der Neulandmission. In die gleiche Richtung zielte die Ermahnung des Papstes an Wynfreth, sich bei der Spendung der Taufe nach dem liturgischen Formular des römischen Stuhles zu richten. Vor allem wurde dadurch die zweite, postbaptismale Salbung (nach der Taufe), die man später Firmung nannte, in den Norden getragen. Da sie allein von einem Bischof gespendet werden konnte, bedeutete diese Festlegung des Papstes das Ende der weiträumigen Wandermission etwa durch die Iroschotten und die Notwendigkeit der Bistumsgründungen, um die römische Taufliturgie überhaupt praktizieren zu können.[42]

Wie schon vor ihm Willibrord 695, so wurde Wynfreth auch durch einen Namenswechsel in besonderer Weise in die engere Gemeinschaft der römischen Kirche aufgenommen: der Papst gab ihm in seinem Instruktionsschreiben den Namen Bonifatius. Er ist gleichbedeutend mit dem griechischen Heiligennamen Eutyches (*vir boni fati* = Bonifatius) und wurde nach dem römischen Heiligen des Vortages gewählt. Dieser Märtyrer Bonifatius soll der Legende nach um 300 in Tarsos umgebracht worden sein. Seine Reliquien wurden in einer Kirche auf dem Aventin, einem der sieben Hügel des alten Rom, verehrt; im Mittelalter war er Patron des dortigen bedeutenden Klosters St. Bonifatius und Alexius, und noch heute feiert die römische Kirche nach dem *Missale Romanum* sein Fest am 14. Mai.[43] Daß Bonifatius vom 15. Mai 719 an fast nie mehr seinen angelsächsischen Geburtsnamen Wynfreth benutzte, bezeugt eindrucksvoll seine tiefe Verbundenheit mit dem Papst.

Trotz der römischen Vollmacht konnte Bonifatius in Thüringen, wohin er sich im Sommer 719 begab, nicht viel ausrichten: zu desorganisiert war die fränkische Landeskirche. Ohne Bischofsamt und staatlichen Rückhalt war an eine Reform nicht zu denken. Möglicherweise mit dem Ziel, Kontakt zu Karl Martell zu knüpfen, machte Bonifatius sich auf den Weg in das innere Frankenreich, als ihn die Nachricht von dem Tode des Friesenherzogs Radbod erreichte. In Anknüpfung an seine ersten Missionsversuche arbeitete er daraufhin von 719 bis 721 mit Willibrord an der Christianisierung Frieslands. Nüchtern den Umschwung der politischen Lage ausnutzend, ließ er, wie Willibald es ausdrückt, »die Posaune des göttlichen Wortes« kräftig erschallen, »zerstörte die Heidentempel und erbaute Gebetshäuser«.[44] Das Zusammenwirken mit dem Erzbischof von Utrecht war für Bonifatius eine letzte große Lehrzeit, bevor er endgültig selbständig arbeiten sollte. Als Willibrord ihn fester an den Ausbau der friesischen Kirche binden wollte und ihn womöglich zu seinem Nachfolger bestimmte, entzog sich Bonifatius. Über diese Trennung ist viel gerätselt worden. Am naheliegendsten ist die Vermutung, daß Willibrord und Bonifatius als kraftvolle und willensstarke Persönlichkeiten auf Dauer nicht nebeneinander bestehen konnten. Bonifatius drängte nach eigenständiger Missionsarbeit, weshalb er Friesland verließ. Mit dem erst 739 verstorbenen Willibrord hat er nie wieder Kontakt aufgenommen. Nun wandte sich Bonifatius nach Hessen, das zu einem weiteren Kerngebiet seiner missionarischen Aktivitäten werden sollte (Abb. 16).

2. *Die Vollendung der hessisch-thüringischen Mission*

Hessen gehörte 721 zwar zum fränkischen Herrschaftsgebiet, wurde aber von heidnischen Völkern und besonders von Sachseneinfällen hart bedrängt. Das Volk war weitgehend heidnisch orientiert, da sich die fränkische Kirche nicht sonderlich um die Hessen kümmerte. Bonifatius zog über Echternach moselabwärts nach Hessen. Auf dem Wege machte er in dem Kloster Pfalzel bei Trier Station, das von der Äbtissin Adela (ca. 660-ca. 735) gegründet worden war. Dabei kam es zu einer interessanten Begegnung, die die damalige Praxis von Seelsorge und Mission erhellt: Adelas Enkel Gregor (707-775) wurde mit der Tischlesung der Heiligen Schrift beauftragt. Als er mit dem lateinischen Text begann, bat Bonifatius ihn, den gelesenen Text doch in der Volkssprache wiederzugeben. Dies vermochte der junge Gregor nicht, woraufhin der angelsächsische Gast selbst die Übersetzung in die fränkische Landessprache übernahm. Offensichtlich war es ein missionsmethodisches Prinzip des Bonifatius, die jeweilige Volkssprache zu lernen, um in ihr predigen zu können. Dementsprechend berichten die Quellen auch nie von Verständigungsschwierigkeiten. Gregor zeigte sich übrigens von diesem Erlebnis so beeindruckt, daß er sich sofort Bonifatius anschloß und einer seiner treuesten Schüler wurde.[45]

Von Pfalzel aus zog Bonifatius zum oberen Lahngau in das Gebiet von Marburg. Selbst in Armut lebend, predigte

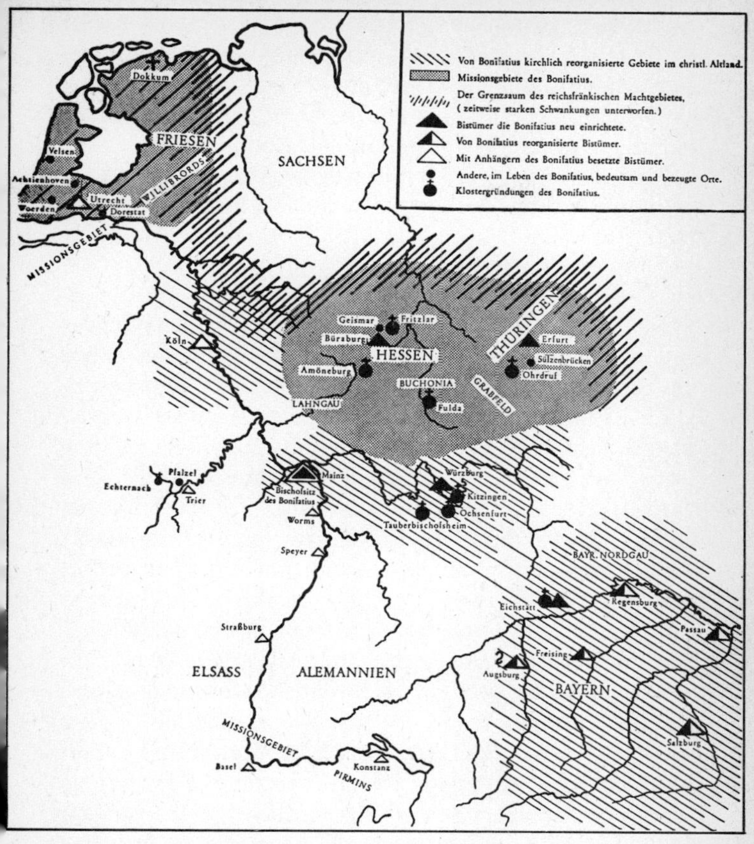

Abb. 16: Das Missionswerk des Bonifatius

er in zahlreichen Orten und befreite »das Volk der Hessen, das bis dahin noch im Irrtum heidnischer Gebräuche befangen war, aus der Gefangenschaft der bösen Geister durch Verkündigung der Botschaft des Evangeliums.«[46] Das Heidentum war in Hessen offensichtlich noch weit verbreitet, Bonifatius' Predigt jedoch so überzeugend, daß

Tausende den neuen Glauben annahmen. Deshalb war es rasch möglich, erste Schritte zur kirchlichen Ordnung des Landes vorzunehmen. In dem Ort Amöneburg gründete Bonifatius 721 als Keimzelle eines Benediktinerklosters eine erste Mönchsniederlassung. Es müssen sich also weitere Kleriker in seiner Begleitung befunden haben, die er mit einer solchen Aufgabe betrauen konnte. Ermöglicht wurde Bonifatius diese Gründung durch die Zwillingsbrüder Dettic und Deorulf, die Vorsteher der Festung Amöneburg waren. »In ihnen repräsentierte sich jenes unverstandene Durch- und Nebeneinander von christlicher und heidnischer Religiosität, das als Zwischen- und Übergangsform in der Germanenmission so häufig war, weil die Taufe – als grundsätzliche Hinwendung zum neuen Gott – durchweg der eindringlichen Unterweisung in christlicher Lehre vorausgegangen und weil bei dem völligen Mangel an geordneter Seelsorge die christliche Substanz einer steten Verkümmerung ausgesetzt war.« So war die Aufgabe, die sich Bonifatius »in Amöneburg stellte, symbolisch und programmatisch für sein ganzes Lebenswerk: die Reinigung eines heidnisch überwucherten, noch rohen Christentums war die erste Stufe zur kanonisch-abendländischen Erneuerung des Kirchentums.«[47] War Bonifatius bei den Zwillingsbrüdern erfolgreich, so dürften die Massentaufen, von denen Willibald berichtet, ihn letztlich vor die gleichen Probleme gestellt haben. Die mühevolle und langwierige Erziehungsarbeit im christlichen Glauben mußte unbedingt folgen. Sie konnte freilich nicht von Bonifatius allein geleistet werden und machte einen starken Rückhalt beim fränkischen Staat und in Rom erforderlich. Auch eine Aufwertung seiner eigenen Person durch das Bischofsamt erschien ihm wünschenswert.

Bonifatius sandte deshalb seinen Landsmann Bynnan mit einer Reihe von Anfragen nach Rom und wurde daraufhin von Papst Gregor II. an den Tiber geladen. Noch im Herbst 722 reiste er mit stattlichem Gefolge zum zweiten

Mal in die Apostelstadt. Er benutzte die altbekannte Pilgerstraße durch Burgund über den Großen St. Bernhard, was für den aus Hessen Kommenden einen Umweg bedeutete. Er ist wohl damit zu erklären, daß Bonifatius auf diesem Wege mit Karl Martell zusammentreffen konnte, um sich auch der politischen Unterstützung zu versichern. In Rom fand das Auftreten des erfolgreichen Missionars starke Beachtung. Nach einigen Unterredungen mit Gregor II. weihte dieser Bonifatius am 30. November 722, dem Tag des Apostels Andreas, zum Bischof. Die Konsekration verlief, erstmals bei einem nichtitalischen Bischof, nach den Bestimmungen des römischen Metropolitanbezirkes. Dazu reichte Bonifatius im Lateran ein schriftliches Glaubensbekenntnis ein, das leider nicht erhalten ist, und legte vor dem Papst einen dem üblichen Formular entsprechenden Gehorsamseid ab: »Ich, Bonifatius, von Gottes Gnaden Bischof, schwöre dir, dem seligen Petrus, dem Fürsten der Apostel, sowie deinem Stellvertreter, dem seligen Papst Gregor und seinen Nachfolgern, bei dem Vater, dem Sohne und dem heiligen Geist, der untrennbaren Dreieinigkeit, und bei diesem deinem heiligsten Leichnam: Ich werde den ganzen Glauben und die Reinheit der katholischen Lehre bewahren und in der Einheit dieses Glaubens, in der das ganze Heil der Christen ohne Zweifel bezeugt ist, mit Gottes Hilfe fest bleiben. Auf keinen Fall werde ich irgendeinem Rat meine Zustimmung geben, wenn er gegen die Einheit der gemeinsamen und allgemeinen Kirche gerichtet ist ... Wenn ich erfahren sollte, daß Bischöfe gegen die alten Bestimmungen der heiligen Väter handeln, dann werde ich mit ihnen keine Gemeinschaft oder Verbindung halten; vielmehr will ich sie hindern, soweit ich sie hindern kann, und wo ich zu wenig Einfluß habe, da werde ich treu meinem apostolischen Herrn berichten ... Diesen heiligen Eid habe ich Bonifatius, geringer Bischof, mit eigener Hand geschrieben und auf deinen heiligen Leichnam gelegt. Was oben gelesen wird, das beschwöre ich vor Gott als

Zeugen und Richter, und ich verspreche, es zu halten.«[48] Für Bonifatius war diese Eidesleistung kein formeller Akt, sondern die bewußte Einordnung in die Tradition Roms. Zentral für seine künftige Lebensarbeit war der Satz, der von den Bischöfen spricht, die sich den alten Anordnungen widersetzten. Zahlreiche davon wirkten im Frankenreich, und die hier aufleuchtende Diskrepanz zwischen der Wirklichkeit der fränkischen Landeskirche und der angelsächsisch-römischen Auffassung der Kirchenordnung sollte Bonifatius noch viel zu schaffen machen.

Von größter Bedeutung war daher für Bonifatius nicht nur die Aufnahme in die *familiaritas* des apostolischen Stuhles[49], sondern die Serie von päpstlichen Dokumenten, die seine Arbeit im Norden unterstützten sollten. So empfahl der Papst seinen Knecht Bonifatius der Christenheit in Germanien mit nachdrücklichen Worten: »Wenn also jemand diesem Diener Gottes, der zur Erleuchtung der Heiden von dieser apostolischen und katholischen Kirche Gottes ausgeschickt worden ist, Zustimmung und Unterstützung gewährt, der soll auf Fürbitte der Apostelfürsten die Gemeinschaft mit den heiligen Märtyrern Jesu Christi erlangen. Wer aber, was wir nicht wünschen, versucht, seine Arbeit durch Widersetzlichkeit zu behindern oder der ihm übertragenen Tätigkeit entgegenzuwirken und der seiner Nachfolger, die in dieselbe Arbeit eintreten, der soll nach dem Richterspruch Gottes vom Bannfluch getroffen ewiger Verdammnis verfallen.«[50] Ferner fertigte die päpstliche Kanzlei die übliche Bischofsvollmacht aus, in der Bonifatius zur Einhaltung der Vorschriften über Klerikerweihen, Kirchengutverwaltung und Sakramentsspendung angehalten wurde. Die Verwaltungsroutine war dabei so gedankenlos, in dem vorhandenen Formular nicht einmal die warnenden Sätze vor häretischen Afrikanern wegzulassen, mit denen nördlich der Alpen nun wirklich nicht zu rechnen war.[51] Realistischer waren da schon das Empfehlungsschreiben des Papstes an die thüringischen

Edlen und seine Aufforderung an die Sachsen, vom Heidentum abzurücken und sich der Missionsarbeit des Bonifatius nicht zu versagen.[52] Gerade mit diesen Schreiben wurde die Verbundenheit mit Rom als universalkirchliches Prinzip betont, von der die Völker am Rande der Christenheit bislang noch nichts wußten. Bonifatius wurde zum Vermittler dieses Denkens, weshalb die Schreiben des Papstes für ihn von besonderer Wichtigkeit waren. Hauck bemerkt dazu: »Uns mag es als ein Herabsteigen erscheinen, daß er mehr und mehr aus einem freien Prediger des Evangeliums zu einem päpstlichen Beauftragten wurde; er betrachtete die Sache aus einem ganz anderen Gesichtspunkte: seine Abhängigkeit von Rom dünkte ihn eine Erhöhung, eine Festigung seiner Stellung.«[53] So war die Bischofsweihe in Rom (Abb. 17) ein entscheidender Schritt in der missionarischen Existenz des Bonifatius.

Abb. 17: Bischofsweihe des Bonifatius 722
Wandgemälde von H. M. v. Hess in der Bonifatiusbasilika München, vor 1850

Der Aufgabenstellung des Papstes gemäß lagen vor Bonifatius die Reorganisation der kirchlichen Verhältnisse im hessisch-thüringischen Raum und die Sachsenmission. Da dies nicht ohne die Zustimmung der politischen Gewalt möglich war, nahm Bonifatius bei seiner Rückkehr ins Frankenreich im Frühjahr 723 Kontakt mit Karl Martell auf. Dieser stellte ihm einen Schutzbrief aus und erlaubte ihm, wie Willibald betont, nach Hessen zurückzukehren.[54] Bonifatius mußte also die herrscherliche Macht anerkennen, stand damit aber auch zumindest im Einzugsbereich des Hausmeiers unter dessen Schutz. Darüber hinaus war er nun aller materieller Sorgen ledig, denn bei den auf den königlichen Gütern und Plätzen eingesetzten Machthabern durfte er auf jede Unterstützung rechnen. Damit stand die bonifatianische Wirksamkeit auf den beiden Säulen, die für die frühmittelalterliche Mission charakteristisch sind: Bindung an Rom und Mission von oben her durch Rückversicherung bei der politischen Macht.

In den Jahren 723 und 724 widmete sich Bonifatius wieder der Missionsarbeit in Hessen, gestärkt durch seine Position als Bischof, wenn auch noch ohne Sprengel. Neben der Predigt und der flächendeckenden Errichtung von Kirchen wirkte die Tatmission, die demonstrative Zerstörung heidnischer Kultstätten zur Konkretisierung der sichtbaren Übermacht des Christengottes. In recht ausmalender Weise schildert Willibald, wie Bonifatius 723 die in Hessen berühmte, dem Stammesgott Donar geweihte Eiche in Geismar gefällt hat (s. Abb. 29, S. 131): »Von den Hessen empfingen damals viele, die den katholischen Glauben angenommen hatten und von der Gnade des siebenfältigen Geistes gestärkt waren, die Handauflegung. Andere allerdings waren im Geist noch nicht so weit gestärkt und weigerten sich, die Wahrheiten des reinen Glaubens ganz anzunehmen. Einige opferten heimlich Bäumen und Quellen, andere taten dies offen. Einige wiederum betrieben teils offen, teils im geheimen Opferschau und Wahrsagerei, Wunder und Zauberei; andere wiederum beobachteten Zeichen und Vogelflug und pflegten sehr verschiedene Opferbräuche. Noch anderen wohnte ein gesunderer Sinn inne, und sie hatten allen heidnischen Götzendienst abgelegt und taten nichts dergleichen. Auf deren Hinweis und Rat unternahm er es, in dem Ort Geismar eine Eiche von erstaunlicher Größe zu fällen, die mit ihrem alten heidnischen Namen Joviseiche [= Jupiter, germanisch Donar, Thor; v.P.] genannt wurde; Knechte Gottes standen ihm bei. Als er nun, durch den Mut des Geistes gestärkt, auf den Baum eingeschlagen hatte, war eine große Menge der Heiden dabei, die ihn als Feind ihrer Götter unter sich auf das heftigste verwünschten. Aber als er nur ein wenig auf den Baum eingeschlagen hatte, wurde die große Masse der Eiche durch göttliches Wehen von oben her bewegt, und sie stürzte zur Erde mit zerbrochener Spitze. Und wie durch die Kraft eines höheren Winkes zerbrach sie in vier Teile und vier Holzstücke von ungeheurer Größe und gleicher Länge konnte man sehen, ohne daß die dabeistehenden Brüder etwas dazu getan hätten. Als die Heiden, die erst geflucht hatten, dies sahen, da lobten sie Gott wie umgewandelt, legten ihre frühere Bosheit ab und glaubten. Da erbaute der hochheilige Bischof nach Beratung mit den Brüdern ein Bethaus aus dem Holzwerk des oben beschriebenen Baumes und weihte es zu Ehren des heiligen Apostels Petrus.«[55]

Trotz aller Ausschmückung gibt der Bericht Willibalds ein lebendiges Zeugnis von der religiösen Situation des Volkes. Offensichtlich war das Heidentum aber dennoch schon auf dem Rückmarsch, wurde Bonifatius doch nur noch wenig Widerstand entgegengebracht. Der Konsequenzautomatismus der Abfolge von heidnischem Widerstehen, vollmächtiger Zerstörung der Kultstätte und plötzlichem Gesinnungswandel folgt hagiographischer Konvention, erhellt aber auch, daß Bonifatius ganz in traditionellen Bahnen arbeitete. Denn ebenso wie bei der

Massentaufe von Hessen im Jahre 722 stellt die Bekehrung von Geismar lediglich einen vertragsähnlichen Glaubenswechsel dar, nicht aber eine wirkliche Hinwendung zu einem Leben in der Nachfolge. Das war die Aufgabe der kirchlichen Nacharbeit, für die auch die neuerrichtete Peterskirche bestimmt war. Im übrigen darf man die Tat des Bonifatius nicht zu sehr heroisieren. Geismar befand sich in unmittelbarer Nähe des fränkischen Stützpunktes Büraburg-Fritzlar, so daß keine wirkliche Gefahr für den Missionar bestand. Die Holzkapelle ist die erste Fritzlarer Peterskirche und Kernzelle des dortigen Klosters.

Von 723 bis 732 bemühte sich Bonifatius um die kanonische Einrichtung der hessischen und der thüringischen Kirche. Sein Biograph weiß zu erzählen, daß die Arbeit trotz mancher Widerstände allmählich erfolgreich war: »Als nun im Volk der wiederhergestellte Glanz des Glaubens leuchtete und es den starken Stricken des Irrtums entrissen war . . ., hielt er eine große Ernte, wenn auch nur von wenigen Schnittern unterstützt, und obschon er anfangs den Mangel und die Not dieser Welt in großem Maße ertragen mußte, und durch mannigfache Drangsal und Nöte gehemmt war, streute er doch den Samen des göttlichen Wortes weiter aus. Da nun allmählich die Menge der Gläubigen zunahm und zur gleichen Zeit auch die Zahl der Prediger sich vervielfältigte, wurden mit einemmal auch Kirchen aufgerichtet, und es ergoß sich mannigfach die Predigt seiner Lehre.«[56] Neben den Klöstern Amöneburg, Fritzlar und Ohrdruf südlich von Gotha im nördlichen Thüringen sind in dieser Zeit mehrere kleine Kirchen errichtet worden, deren Hauptaufgabe die Überwindung des auch nach den Massentaufen noch bestehenden heidnischen Denkens gewesen sein dürfte. Der Briefwechsel des

Abb. 18: Vögel am Lebensbaum (oben)
und dem Kreuz zugewandte Raubtiere (unten)
Schmalseite des Reliquienkästchens von Chur, um 700

Bonifatius und insbesondere seine wohl regelmäßigen Berichte an den Papst geben ein lebendiges Bild von den damit verbundenen Schwierigkeiten.[57] Sie konnten nur mühevoll überwunden werden, was nicht verwundert, gab es doch Kleriker, »die Amulette herstellten, indem sie Bibelsprüche als Schutz- und Heilmittel auf Kärtchen schrieben, die man an einer Schnur um den Hals trug, wie andere Stückchen von Bernstein oder Achat.«[58]

Eine Methode der damaligen Kirche, diesem heidnischen Bedürfnis nach dinglicher Erfahrbarkeit des Glaubens entgegenzukommen, war die Verwendung von Reliquien. Gerade die Kostbarkeit der zur Aufbewahrung der Überreste berühmter Heiliger dienenden Behältnisse signalisierten den Neubekehrten Macht und Glanz der römischen Kirche. Ein Beispiel dafür ist das aus dem Domschatz von Chur stammende Reliquienkästchen, das um 700 entstanden sein dürfte. Der mit vergoldetem Kupferblech überzogene Holzkasten hat die Form eines Sarkophages mit sehr spitzem Dach. Ordnung und Symmetrie des eingepreßten Ornamentes folgender germanischen Tierornamentik. Die hier abgebildete Seitenplatte (Abb. 18) zeigt oben zwei Vögel (Pfauen?) am Lebensbaum, unten zwei durch Flechtband verbundene Raubtiere, deren aufgerissene Rachen einem sorgfältig gestalteten Kreuz zugewandt sind. Dieses Kreuz als Lebenszeichen deutet auf die Überwindung der heidnischen Mächte durch Christus. Wer dies im Glauben annimmt, dem winkt das durch den Lebensbaum versinnbildlichte Paradies.

In dieser Weise mag auch Bonifatius den Hessen und Thüringern den Glauben an Christus als dem siegbringenden Gott verkündigt haben. Nach den Quellenberichten war er dabei durchaus erfolgreich. Aber dieser Eifer für die Kirche bedeutete noch nicht die ethische Umwandlung des Volkes und die kanonische Ordnung der Landeskirche. Diese Aufgaben waren es, die in der Folgezeit auf Bonifatius warteten.

C. Die Reform der fränkischen Landeskirche (732-744)

1. Das Bemühen um die Reorganisation der Kirche

»Nachdem die grundlegende Arbeit in Hessen und Thüringen einen gewissen Abschluß erreicht hatte, ging das Schwergewicht des Mühens endgültig von den missionarischen zu den organisatorischen Aufgaben über, und damit bahnte sich bereits der Weg zur umfassenden Kirchenreform an, denn mit dem Neuaufbau verband sich bald die Reorganisation eines schon bestehenden Kirchentums.«[59] Das war das eigentliche Schwergewicht der Wirksamkeit des Bonifatius. Versteht man ihn aus der Rückschau in erster Linie als Missionar, was ja auch seinen eigenen Intentionen am meisten entsprach, so hat er tatsächlich vor allem als Kirchenorganisator gewirkt. Es liegt eine gewisse Tragik über der Lebensgeschichte dieses Mannes, der sich so sehr zur Heidenmission gedrängt wußte und doch durch die Situation genötigt wurde, sich mehr mit den krisenhaften Zuständen in der fränkischen Landeskirche auseinanderzusetzen.

Verständlicherweise führte diese Konstellation Bonifatius dazu, sich in geradezu ängstlicher Weise an Rom anzulehnen und selbst in kleinen Dingen des kirchlichen Alltages den Rat des Papstes zu suchen. Sensibel reagierte er daher auch auf jede Veränderung in Rom. Als Gregor II. am 11. Februar 731 verstarb, befand sich unter den während der Bestattungsfeierlichkeiten an seinem Leichnam betenden Klerikern auch ein Priester syrischer Abstammung namens Gregor, der beim römischen Volk beliebt war. Die jubelnde Menge ergriff ihn, brachte ihn in den Lateran und bestimmte ihn durch Akklamation als Gregor III. zum neuen Papst (731-741). Sobald Bonifatius von diesen Ereignissen erfuhr, schickte er Boten nach Rom, »die den Bischof des apostolischen Stuhles begrüßten und das Zeugnis von dem früheren engen Freundschaftsbündnis offenbarten, das sein Vorgänger in der Gnade mit dem heiligen Bonifatius und seiner Gemeinde geschlossen hatte. Sie verkündeten auch fürderhin seine demutsvolle Ergebenheit und Unterwürfigkeit gegenüber dem apostolischen Stuhle und baten dann ihrem Auftrag gemäß, es möge ihm vergönnt sein, fernerhin der Freundschaft und Gemeinschaft des heiligen Bischofs und des ganzen apostolischen Stuhles in frommer Unterordnung teilhaftig zu bleiben.«[60] Der neue Papst entsprach dieser Bitte offensichtlich gern, denn anders als manche seiner Vorgänger erkannte er frühzeitig, welch bedeutende Möglichkeiten sich für Rom durch die Arbeit des Bonifatius im Norden ergaben. Gregor III. erneuerte nicht nur das Freundschaftsbündnis, sondern spendete seinem treuen Diener in einem Schreiben des Jahres 732 ausdrücklich Beifall und stärkte erneut die Position des Angelsachsen: »Wir haben Dir daher mit Recht als Geschenk das heilige Pallium übersandt, das Du kraft der Machtfülle des seligen Apostels Petrus annehmen und anlegen sollst, und wir ordnen nach Gottes Rat an, daß man Dich als einen unter den Erzbischöfen zählt.«[61]

Bei dem erwähnten Pallium, einem ursprünglich vom Kaiser verliehenen Würdezeichen, handelte es sich um eine Schulterbinde aus weißer Wolle mit darin eingewobenen schwarzen Kreuzen. Vor der Verleihung lagen die Pallien am Grab des Petrus, weshalb sie den Charakter einer sogenannten Berührungsreliquie haben. Sie wurden nur vom Papst verliehen und stellen bis heute das charakteristische Abzeichen der Amtsgewalt der Erzbischöfe dar. Damit wurde Bonifatius in den Stand versetzt, seinerseits Bischöfe in den Missionsgebieten zu erheben. Nur bei deren Konsekration sowie bei der Meßfeier durfte er das Pallium tragen. Einen eigenen Metropolitansitz bekam Bonifatius allerdings noch nicht zugewiesen. Auch von der Möglichkeit der Bischofsernennung hat er in den nächsten Jahren kaum Gebrauch gemacht, wohl weil die Spannungen zwischen dem angelsächsischen Erzbischof und der fränkischen Kirche zu groß waren.

Überhaupt wurden die Schwierigkeiten für Bonifatius nach 732 offensichtlich größer. Gerade das Schweigen der Quellen über diese Phase konkretisiert die Hindernisse, vor die er sich bei seinem Bemühen um die Durchsetzung kanonischer Prinzipien gestellt sah. Der Aufbau eines Metropolitanbezirkes mit Suffraganbischöfen war selbst für den hessisch-thüringischen Raum nicht möglich. Durchsetzbar wäre er ohnehin nur mit Zustimmung der politischen Gewalt gewesen. Karl Martell aber, der seit seinen Siegen in Tours und Poitiers 732 gegen die Araber auf dem Höhepunkt seiner Macht stand, benötigte die Hilfe des Bonifatius zumindest im Moment nicht. Ganz im Gegenteil konnte ihm nicht daran liegen, daß die Forderungen des Erzbischofes Unruhe in der fränkischen Kirche stifteten, was der Konsolidierung seiner Herrschaftsansprüche gegenüber den Merowingern und dem fränkischen Adel nur abträglich sein konnte. So wuchs die Opposition gegen den landfremden, romverbundenen Angelsachsen. »Der welt- und waffenfrohe Episkopat des benachbarten Austrasien und der Adel, der sich am Kirchengut bereicherte, also die politisch, sozial und wirtschaftlich herrschende Schicht, trat jetzt in offene Feindschaft zu ihm, die Errichtung angelsächsisch geleiteter, kanonisch geformter Bistümer hätte einen Einbruch in ihre Machtposition, einen Fremdkörper im Reichsepiskopat bedeutet.«[62]

Bonifatius hat sich deshalb in der Phase von 732 bis 737 innerhalb der angedeuteten Grenzen dem Ausbau der Kirche gewidmet. Nicht von ungefähr stand er gerade in dieser Zeit in engem brieflichem Kontakt mit seiner Heimat und konnte sich auch eines nicht unerheblichen Zustroms angelsächsischer Mitarbeiter erfreuen. Dies ermöglichte ihm Festigung und Ausbau der klösterlichen Stützpunkte vor allem in Hessen und Thüringen. Amöneburg und Fritzlar wurden nun, wohl noch 732, zu wirklichen Klosteranlagen ausgebaut. Fritzlar und Ohrdruf standen zeitweise unter der Leitung seines Landsmannes Wigbert (gest. 746). Im Maintal um Würzburg wurden Frauenkonvente eingerichtet, so in Tauberbischofsheim, Kitzingen und Ochsenfurt. Mit den Angelsächsinnen Lioba (gest. 782) und Thekla (gest. um 790) setzte Bonifatius hier sogar eigene Verwandte als Vorsteherinnen ein. Dadurch und durch seine eigene Tätigkeit als Prediger des Evangeliums entstand in stiller Arbeit in jener Zeit eine Provinzialkirche, welche die innerfränkische Kirche an religiösem Leben bei weitem übertraf.

Zu einem nicht näher bestimmbaren Zeitpunkt 733/735 reiste Bonifatius nach Bayern. Willibald berichtet, daß er predigend umherwanderte und viele Kirchen besuchte sowie einen Häretiker namens Eremwulf aus der Kirche ausstieß.[63] So diente diese Reise auch der Förderung der Kirchenordnung. Der Bayernherzog Hugbert stand Bonifatius allerdings etwas reserviert gegenüber; aus politischen Gründen wollte er dem aus seiner Sicht fränkischen Erzbischof nicht allzu freie Hand lassen. So kehrte er bald nach Hessen zurück. Das wohl wichtigste Ergebnis seiner Reise war, daß sich ihm in dem bayerischen Adelssohn Sturmi (um 715-779) ein neuer Schüler anschloß, der später als erster Abt des Klosters Fulda Bedeutung erlangen sollte.

Um 737 ergaben sich neue Entwicklungen, von denen Bonifatius nicht unberührt bleiben sollte. Zum einen plante Karl Martell einen Feldzug gegen die heidnischen Sachsen. Bei einer möglichen Eingliederung der Sachsen in das Frankenreich sah Bonifatius dort sofort die Möglichkeit der Missionsarbeit. Die Angelsachsen der peregrinatio-Zeit hatten stets den Wunsch, ihren Stammesgenossen, den Altsachsen, das Evangelium zu predigen. Für Bonifatius, der natürlich in dieser Tradition stand, eröffnete sich überdies die Perspektive, dadurch wieder in eine engere Verbindung mit dem Frankenherrscher zu kommen, wovon er sich positive Rückwirkung auf seine Reformabsicht für die fränkische Landeskirche erhoffte. Zum anderen hatte der neue Bayernherzog Odilo (Herzog 737-748) die Absicht, im Einvernehmen mit Rom seine Landeskirche nach kanonischem Recht zu reformieren. Er verfolgte damit freilich auch das Ziel einer gewissen Verselbständigung von dem fränkischen Einfluß. Jedenfalls dachte Odilo daran, den vom Papst bevollmächtigten Erzbischof Bonifatius, der doch eben erst Bayern visitiert hatte, um Mithilfe bei dieser Aufgabe zu bitten.

Diese Verquickung kirchlicher und politischer Motive in Bayern und Sachsen ließen es Bonifatius geraten erscheinen, nach Rom zu reisen. Vermutlich im Spätsommer 737 »begab er sich zum dritten Male, begleitet von einer Schar seiner Schüler, nach Rom, wegen seiner engen freundschaftlichen Verbindung mit dem heiligen apostolischen Bischof und der gesamten Geistlichkeit, um des apostolischen Vaters heilsame Unterredung zu genießen und sich, da er schon vorgerückten Alters war, den Fürbitten der Heiligen zu empfehlen.«[64] Es hat den Anschein, daß Bonifatius mit dieser Reise zu Papst Gregor III., den er nun nach vielen Briefkontakten endlich persönlich kennenlernte, gleichsam die Erfüllung seiner bisherigen Aufträge melden, einen Nachfolger bestimmen lassen und für sich selbst die Erlaubnis zur Sachsenmission erbitten wollte. Als Nachfolger hatte er vermutlich Gregor ins Auge gefaßt, der sich auch in seiner Reisebegleitung befand. Aber der Papst beurteilte die Verhältnisse anders. Selbst in bedrängter Lage durch den Bilderstreit mit Konstantinopel und der Bedrohung durch die Langobarden, hatte er doch nicht die universalkirchliche Perspektive verloren und spürte außerdem immer deutlicher die zunehmende Bedeutung der Macht nördlich der Alpen für Rom. So gestattete er Bonifatius zwar die Bestimmung eines Nachfolgers noch zu Lebzeiten, wollte aber von einer Entsagung seines wichtigsten Mannes in Germanien nichts wissen. Die offensichtlich mitreißende Argumentation Gregors III. hat ihre Wirkung auf den schon in der Mitte des siebten Lebensjahrzehnts stehenden Bonifatius nicht verfehlt, so daß er frohgemut an seine Getreuen in Hessen schrieb: »Kund sei Euch teuern Lieben und danket Gott dafür, daß wir glücklich zu der Schwelle des seligen Apostelfürsten Petrus gekommen sind, wo uns der apostolische Bischof wohlwollend und freudig aufgenommen, wegen unseres Missionslegates erfreulichen Bescheid erteilt und uns den Rat und die Weisung gegeben hat, wieder zu Euch zurückzukehren und bei der angefangenen Aufgabe zu bleiben.«[65] Empfehlungsschreiben des Papstes an die germanischen Bischöfe, Priester und Äbte im allgemeinen und an die Bischöfe Bayerns und Alamanniens im besonderen, an die Edlen von Hessen und Thüringen, über die Bistumsorganisation in Bayern sowie die Aufforderung des Bonifatius an die Angelsachsen, für die Sachsenbekehrung zu beten, deuten an, daß all diese Komplexe Gegenstand der Verhandlungen im Lateran waren.[66] Letztlich war Bonifatius weiterhin gebunden an die bisherigen Aufgaben, hatte aber auch die Erlaubnis, neue Arbeitsfelder anzugehen. Zentral war dafür die Tatsache, daß der Papst erneut seine Stellung aufwertete und ihn zum päpstlichen Legaten für Germanien erhob. War dies angesichts der kirchlichen Verhältnisse im Frankenreich vorläufig auch nur ein Ehrentitel, so lag darin doch die Option für eine durchgreifende Reform im Norden unter der Führung des Bonifatius. Gerüstet war er dazu auch durch die Gewinnung einiger wichtiger neuer Mitarbeiter aus der angelsächsischen Kolonie in Rom. Im Sommer 738 verließ Bonifatius Rom; die ewige Stadt betrat er nie wieder.

Der Legat des Papstes wandte sich zunächst nach Bayern, um dort in Zusammenarbeit mit Herzog Odilo das Stammesgebiet in vier kanonisch organisierte Diözesen einzuteilen. Ähnliche Pläne hatten schon 716 bestanden, aber erst jetzt gelang es durch den Willen des Herzogs, dem römischen Kirchengedanken in Bayern Raum zu geben. Nachdem zuvor schon Vivilo zum Bischof von Passau erhoben worden war, ernannte Bonifatius vermutlich 739 Gawibald für Regensburg, Erembert für Freising und Johannes für Salzburg.[67] Der zuständige Metropolit für diese Sprengelbischöfe blieb vorläufig Bonifatius selbst. Einher gingen diese Konsekrationen mit Klostergründungen und Kirchenvisitationen.

Die feste Verwurzelung des Christentums in Bayern zeigt sich auch in den Werken der bildenden Kunst. Zu den herausragenden Zeugnissen gehört der sogenannte Tassilokelch, der um 777 im Salzburger Raum, möglicherweise in dem Benediktinerstift St. Peter unter dem Iren Abt Virgilius (gest. 784) gefertigt worden ist. Dieser kostbare Abendmahlskelch aus vergoldetem Kupfer mit Silberplattierung und Niello wurde von dem bayerischen Herzog Tassilo (Herzog 748-788, gest. 794) und seiner Gemahlin Liutpirc gestiftet. Auf dem Fuß finden sich vier Ovalfelder mit Heiligendarstellungen, auf der Cuppa Ovale mit den Symbolen der vier Evangelisten sowie die Darstellung Christi zwischen den Buchstaben A und Ω (Abb. 19). Die Flächen zwischen den Ovalen sind mit figürlichen Darstellungen und Ornamenten bedeckt, die dem insularen Stil der germanischen Tierornamentik entsprechen, der von den illuminierten Handschriften bekannt ist (vgl. Abb. 13, S. 55; Abb. 18, S. 75). So spiegelt der Tassilokelch auch in der Kunst die gleiche Vorherrschaft der Angelsachsen wie im Bereich der Kirche.

Von Bayern zog Bonifatius wieder in den hessisch-thüringischen Raum, dort die Kirchenorganisation weiter befestigend. 741/742 errichtete er die mitteldeutschen Bistümer Würzburg, Büraburg und Erfurt und setzte dort als Bischöfe Buchard (gest. 753), Witta (gest. nach 760) und Dadanus (?) ein. 742 (oder 745) wurde Willibald (700-787) zum Bischof von Eichstätt geweiht.[68] Als besonderes Zentrum der bonifatianischen Wirksamkeit entstand das Klo-

Abb. 19: Christusdarstellung
Tassilo-Kelch, Salzburger Raum, ca. 777

ster Fulda 744. Mit all diesen Maßnahmen vermochte Bonifatius seinen missionarischen und kirchenorganisatorischen Aktivitäten in Hessen, Thüringen und Bayern Dauer zu verleihen. Es wird ihn mit besonderer Befriedigung erfüllt haben, daß in diese Phase seiner Wirksamkeit auch Massentaufen in Sachsen fielen, die allerdings ohne anhaltende Wirkung geblieben zu sein scheinen.

2. *Das Reformprogramm der Synoden*

Das Jahr 741 kennzeichnet einen wichtigen Einschnitt in der Arbeit des Bonifatius. In Rom starb am 28. November 741 Papst Gregor III., der dem Angelsachsen stets freundlich verbunden war. Auf dem Stuhle Petri folgte ihm der griechischstämmige Kalabrese Zacharias (Papst 741-752), der letzte der griechischen Päpste. Sein Briefwechsel mit Bonifatius wies nun einen etwas geschäftlicheren Ton auf. Am 22. Oktober 741 verstarb in Kiersi der fränkische Hausmeier Karl Martell. Ihm folgten Karlmann und Pippin der Jüngere, die zeitweise eine Klostererziehung genossen hatten und daher den Zielen des Bonifatius viel aufgeschlossener gegenüberstanden als ihr Vorgänger. Dadurch konnte der Erzbischof und päpstliche Legat endlich die kanonische Reorganisation und Reform der eigentlichen fränkischen Kirche beginnen und die »Umwandlung der zerrütteten, desorganisierten, vom Grundbesitzadel beherrschten Staatskirche zu einer romverbundenen Landeskirche einleiten«, die den »Durchbruch zur kirchlichen Integration der westlichen Welt« bedeutete, »aus der die frühmittelalterliche Ordnung des Abendlandes erwachsen sollte.«[69] Entscheidend dafür war, daß Bonifatius die nötigen Mitarbeiter fand und daß die neuen politischen Machthaber gegen alle Widerstände seinem Programm der kirchlichen Organisation zum Durchbruch verhalfen.

Willibald berichtet von diesem entscheidenden Wechsel des Jahres 741: »Als nun des glorreichen Herzogs Karl zeitliche Herrschaft geendet und sich die Herrschaft seiner

Söhne Karlmann und Pippin gefestigt hatte, da wurde durch die Gnade unseres Herrn Gottes und das Bemühen des heiligen Erzbischofs Bonifatius der Bund der christlichen Religion gekräftigt und die Synodaleinrichtungen der rechtgläubigen Väter bei den Franken wiederhergestellt und alles nach der Bestimmung der Kirchengesetze verbessert und gesühnt.«[70] Was der Biograph hier in eher dürren Worten mitteilt, stellte sich als ein schwieriges und spannungsreiches Unterfangen dar. Das konkretisieren schon die Worte des Bonifatius, mit denen er Papst Zacharias von den Synodenplänen in Kenntnis setzte: »Kund sei ebenso Eurer Väterlichkeit, daß der Frankenherzog Karlmann mich zu sich gerufen und gebeten hat, in dem seiner Gewalt unterstehenden Teil des Frankenreiches den Zusammentritt einer Synode einzuleiten. Und er versprach, wegen der Kirchenverfassung, die schon lange, nämlich mindestens sechzig oder siebzig Jahre, unterdrückt und zerrüttet war, etwas verbessern und fördern zu wollen.«[71] Für Bonifatius kam diese Einladung überraschend, setzte sie doch die Bereitschaft Karlmanns voraus, auch gegen den hochadligen Episkopat vorzugehen, der in dem okkupierten Kirchengut seine Machtbasis hatte. Aber gerade an diesem Punkt wird deutlich, daß es dem Karolinger nicht nur um kirchliche, sondern auch um politische Veränderungen ging. Der Besitz von Klöstern und Bistümern war eine bedeutende politische und wirtschaftliche Grundlage der Vormacht des Adels. Sie wollte Karlmann mit Hilfe der Kirche brechen, um seine eigene Herrschaft stabilisieren zu können. So zeichnet sich bereits in der Aufforderung an Bonifatius das kommende Bündnis zwischen den Karolingern und Rom ab, das dem Frühmittelalter seine eigentliche Gestalt geben sollte. Es war der Angelsachse Bonifatius, der die Verbindung von Rom als Traditionsmacht der christlichen Antike mit der neuen Macht im Norden in Gang brachte und somit die Grundlagen der mittelalterlichen Welt schuf.

Der entscheidende Schritt zur Neuordnung der Kirche wurde auf dem *Concilium Germanicum* vollzogen. Im Anschluß an die Heeresversammlung hatte Karlmann es auf den Sonntag der Osteroktav, den 21. April 743, an einen unbekannten Ort einberufen. Man nennt es üblicherweise das germanische Konzil, weil es die erste Synode auf dem Boden der späteren deutschen Kirche darstellt, tatsächlich war es jedoch ein austrasisches Konzil.[72] Neben Bonifatius nahmen nur sechs Bischöfe an der Reformsynode teil, und gerade der kleine Kreis gab die Möglichkeit zu einmütigen Entscheidungen. Festgesetzt wurde zunächst, daß Bonifatius als Metropolit die Oberhoheit über die Bischöfe haben sollte und in Zukunft in jedem Jahr eine Synode stattzufinden habe. Es folgt dann eine Reihe von Beschlüssen und Anordnungen, die auf die Organisation der Landeskirche, die Beseitigung des Heidentums und eine strengere Ordnung für die Kleriker zielen. Unter anderem wurde dekretiert: »Die geraubten Gelder der Kirche haben wir ihr zuerkannt und zurückgegeben. Falsche Presbyter sowie ehebrecherische und unzüchtige Diakone bzw. Kleriker haben wir ihrer kirchlichen Einkünfte enthoben, sie degradiert und zur Buße gezwungen. Allen Dienern Gottes wird grundsätzlich verboten, Waffen zu tragen oder zu kämpfen, im Heer zu dienen oder gegen den Feind zu ziehen. Ausgenommen sind nur jene, die wegen des göttlichen Dienstes, also zur Feier der Messe und zum Tragen der Schutzheiligen [i.e. deren Reliquien; v.P.] auserwählt sind ... Auch untersagen wir allen Dienern Gottes zu jagen oder mit Hunden im Wald herumzuschweifen. Ebenso sollen sie keine Habichte oder Falken haben ... Wir haben festgesetzt, daß gemäß den Canones jeder Bischof in seiner Parochie mit Hilfe des Grafen, der der Beschützer der Kirche ist, sich darum kümmern soll, daß das Volk Gottes nichts Heidnisches mehr tue, sondern alle Ungehörigkeiten des Heidentums ablege und verwerfe, seien es Wahrsagereien, Götzenopfer oder Amulette, Weissagen oder Zauber oder Opfer, welche törichte Menschen neben den Kirchen nach heidnischem Ritus einführen unter dem Namen heiliger Märtyrer oder Bekenner, womit sie Gott und seine Heiligen zum Zorn bringen, seien es jene gottlosen Feuer, die sie Niedfeuer nennen, oder alles, was es auch sei, – die Beobachtung heidnischer Gebräuche sollen sie gründlich verhindern.«[73]

Ziel der Synode war demnach eine radikale Abkehr von den eigenmächtigen Verfahrensweisen der Vergangenheit, die letztlich eine Verweltlichung des Klerus nach sich gezogen hatten. Rechte und Pflichten von Bischöfen und Klerikern wurden dagegen eingeschärft. Bei Mißachtung des Zölibats drohten nun harte Strafen. Um auch die Klöster zu ordnen, wurde ihnen die Beachtung der Benediktinerregel vorgeschrieben. Dieses Bemühen um Wiederherstellung der Kirchenordnung konnte natürlich nur im Einvernehmen mit dem karolingischen Herrscher in die Realität umgesetzt werden. Deshalb verdient es besondere Beachtung, daß Karlmann während dieser »ersten deutschen Nationalsynode«[74] leitend auftrat und die Beschlüsse der Synode als Kapitulare, also als herrscherliche Verordnungen mit Rechtskraft, verkündete. Zum ersten Mal in der Geschichte des Frankenreiches gab es damit ein kirchliches Gesetzgebungsrecht des Herrschers. Nach angelsächsischem Vorbild, wobei Bonifatius die Vermittlerrolle innegehabt haben dürfte, wurde das landeskirchliche System in monarchisch-theokratischer Weise geformt. Danach stellte das *Concilium Germanicum* auch nicht einen bloßen Anschluß an Rom dar, sondern war Ausdruck der Eigenständigkeit der fränkischen Landeskirche. Daß sie gleichwohl romverbunden war, ergab sich aus den je besonderen Interessen des Bonifatius und Karlmanns. Die Synode von 743 hätte jedenfalls auch ohne Rom, aber niemals ohne den Hausmeier stattfinden können. Papst Zacharias blieb daher nach dem Bericht des Bonifatius auch wenig anderes, als ihm zu dem Verlauf der Synode zu gratulieren.[75]

Die anspruchsvollen Ziele der Kirchenversammlung waren gleichwohl in manchen Punkten vorerst nur Programm, aber der entscheidende Schritt zur Reform war getan. Für Bonifatius, der mittlerweile fast siebzig Jahre alt war, stellte die Zeit um 742 sicherlich den Höhepunkt seiner Wirksamkeit auf dem Kontinent dar.

D. Zwischen Bewahrung und Resignation (744-754)

1. Die Krise der bonifatianischen Reform

Angesichts der ermutigenden Anfänge 743 mußte es für Bonifatius eine herbe Enttäuschung sein, daß sich das Reformprogramm etwa ab 746 eindeutig verlangsamte. Zwar konnte er es noch als Erfolg verbuchen, nach dem Sturz des Bischofs Gewilib (gest. um 760), der Blutrache für seinen im Kampf gegen die Sachsen gefallenen Vorgänger und Vater Gerold (gest. um 730) genommen hatte, 746/747 dessen Bistum Mainz erhalten zu haben (Abb. 20). Aber Bonifatius blieb Missionserzbischof, Mainz wurde nicht zur Metropole erhoben. Auch fanden 744 Synoden in Les Estinnes für den austrasischen (östlichen) und in Soissons für den neustrasischen (westlichen) Reichsteil statt. Aber gerade der Umstand, daß diese Kirchenversammlungen die Bestimmungen von 743 zum Teil wiederholten, belegen die Lähmung der Reform. Ganz offensichtlich hatten die karolingischen Herrscher gemerkt, daß durch allzu forsches Vorgehen ihre eigene Machtposition in Gefahr geriet. Als die Gegner des Bonifatius sich formierten, allen voran Bischof Milo von Trier (seit 715/720) und Reims (seit 717), der seine Bistümer als reine Machtobjekte begriff und wohl 757 bei der Eberjagd den Tod fand, wurde auch Pippin vorsichtiger. Gleichwohl veranstaltete er zusammen mit seinem Bruder Karlmann und Bonifatius im Jahre 745

eine gesamtfränkische Synode, die immerhin die bisherigen Synodalbeschlüsse bekräftigte und Gewilib von Mainz stürzte. Dennoch verlor die Reform an Stoßkraft und Papst Zacharias mußte alle Geistlichen und Laien des Frankenreiches mahnen, doch Bonifatius auf seinem Weg zu folgen: »Ich bitte Euch alle vor Gott, seinen Mahnungen unnachgiebig zu folgen. Denn wir haben ihn an unserer Statt in diesen Gegenden zum Predigen bestellt, damit er Euch mit Gottes Gnade auf den rechten Weg führe und Ihr von allen bösen Taten bewahrt bleiben könnt.«[76]

Die Krise lag einerseits in den politisch-kirchlichen Verquickungen, andererseits aber auch daran, daß die Initiative allmählich von Bonifatius und seinen angelsächsischen Mitstreitern auf einheimische Kräfte überzugehen begann. Symptomatisch für diesen Umstand ist eine Bemerkung des Friesen Liudger: »Sie begannen gegen ihn zu reden, ihn zu schmähen, so sehr sie nur konnten, und behaupteten, er sei des Bischofsamtes nicht würdig, weil er ein Fremder sei.« Angeblich sollen nach Liudger sogar Mordpläne gegen Bonifatius bestanden haben.[77] Andere Probleme traten hinzu. Im Frankenreich etwa zog ein religiöser Schwärmer namens Aldebert umher, der als Volksprediger die Leute so begeisterte, daß sie seine Haare und Nägel als Reliquien sammelten. Als seinen kostbarsten Besitz pries er einen Brief des Herrn Jesus Christus persönlich, der in Jerusalem auf die Erde gefallen, vom Erzengel Michael gefunden worden und nun in seine Hände gelangt sei. Bonifatius berichtete über diesen Fall an Rom.[78] In Bayern beklagten sich Abt Virgilius und Bischof Sidonius von Passau beim Papst, Bonifatius habe sie aufgefordert, unter bestimmten Umständen Taufen zu wiederholen. Es

Abb. 20: Bonifatiusdarstellung mit den typischen Attributen des durchbohrten Buches und der dem Kreuzstab entspringenden Quelle Kupferstich von C. Bloemaert, um 1630

ging um den Fall eines des Lateinischen völlig unkundigen Priesters, der als Tauformel die Worte sprach: »Ich taufe dich im Namen Vaterland und Tochter und des Heiligen Geistes.« Bonifatius mußte sich vom Papst belehren lassen: »Denn, was Deiner heiligen Brüderlichkeit wohlbekannt ist, wer getauft worden ist von Ketzern auf den Namen des Vaters und des Sohnes und des Heiligen Geistes, darf auf keinen Fall nochmals getauft, sondern allein durch Handauflegung gereinigt werden.« Daher dürfe auch in dem vorliegenden Fall die Taufe nicht wiederholt werden.[79] All dies mag mit dazu beigetragen haben, daß Bonifatius zum einen durch Briefe wieder engeren Kontakt zu seiner Heimat suchte und zum anderen wegen immer kleinerer Detailfragen Schreiben mit Bitte um Aufklärung nach Rom sandte.

747 trat noch einmal eine fränkische Synode zusammen, die aber nicht mehr das Gewicht der früheren Konzilien hatte. Denn die Hausmeier haben daran weder teilgenommen noch ihre Beschlüsse in Kapitularienform verkündet.

Weitere Veränderungen deuteten sich an, als der austrasische Hausmeier Karlmann sich 747 entschloß, die Herrschaft zu entsagen und als Mönch sein Leben zu beschließen. Damit verlor Bonifatius seinen größten Förderer und für Pippin war der Weg geebnet. »Er schickte sich an, im Bunde mit seiner traditionellen Anhängerschaft im fränkischen Adel, mit der Reformpartei in der fränkischen Kirche und mit dem römischen Papsttum den karolingischen Prinzipat ernstlich in eine staatsrechtlich feste, d.h. monarchische Form zu bringen.«[80] An der endgültigen Verbindung des neuen Königtums der Karolinger und ihrer Staatskirche mit Rom ab 751 war Bonifatius folgerichtig auch nicht mehr beteiligt. Hatte Karlmann mehr auf die angelsächischen Kräfte gesetzt, so griff Pippin zwar die Impulse des Bonifatius auf, verwirklichte sie aber behutsam mit der fränkischen Reformpartei. Der päpstliche Legat für

Germanien und Erzbischof Bonifatius rückte zusehends an den Rand des Geschehens. Die Einweisung des letzten Merowingerkönigs in ein Kloster und die Thronerhebung Pippins zum König der Franken während der Reichsversammlung in Soissons Ende 751 steht gleichwohl in einer Verbindung mit Bonifatius. Die Legitimität der neuen Königssippe wurde durch deren kirchliche Weihe garantiert, so daß an die Stelle des Geblütsrechtes die übernatürliche Kraft des Gottesgnadentums trat. Die in Abstimmung mit Papst Zacharias vorgenommene Salbung nach alttestamentlichem Vorbild soll nach späteren Quellen von Bonifatius vorgenommen worden sein. Als ranghöchstem Geistlichen der fränkischen Kirche wäre das seine Aufgabe gewesen, allerdings ist es kaum vorstellbar, daß Pippin angesichts seiner Vorbehalte Bonifatius gegenüber dies zugelassen hätte. Entscheiden läßt sich dieses biographische Detail nicht mehr, aber erklärbar wird die Königssalbung mit ihrer Verchristlichung von Volk und Staat nur durch das Wirken des Bonifatius. Als Papst Stephan II. (Papst 752-757) am 28. Juli 754 in St. Denis die Salbung an Pippin wiederholte und auch auf dessen Söhne Karl (747-814) und Karlmann (749-771) ausdehnte, so in demonstrativer Feierlichkeit die neue Dynastie sanktionierend, stellte diese Besiegelung des Bündnisses zwischen fränkischer Monarchie und römischem Papsttum auch ein Echo auf die Aktivitäten des Bonifatius dar.[81]

2. *Die Sicherung des Zentrums Fulda*

Die besondere Fürsorge Karlmanns für Bonifatius kam auch darin zum Ausdruck, daß er ihm 743 den Ort Eichloh an der Fulda mit allem Königsbesitz im Umkreis von vier Meilen schenkte und sogar die Adligen des Grabfeldgaues, sicher nicht ohne intensiven Druck, veranlaßte, ihre in diesem Gebiet gelegenen Güter ebenfalls dem Erzbischof zu übergeben. Er gründete dort ein Eigenkloster, zu dessen

Leitung er seinen treuen Schüler Sturmi berief, der mit sieben Gefährten am 12. März 744 feierlich das neue Kloster an der Fulda betrat. Nach dem Willen des Bonifatius sollte Fulda eine benediktinische Musterabtei werden, eine Pflanzstätte der Bildung und der Erhöhung der Lebensqualität für die Umgebung. Seit der Schenkung Karlmanns dachte der Angelsachse wohl daran, in Fulda einst begraben zu werden (Abb. 21). Im Sommer 751 berichtete er Papst Zacharias von seiner Gründung: »Es ist weiterhin ein Waldgebiet da in einer Einöde von ungeheurer Weltverlassenheit inmitten der Völker unseres Missionsgebietes, in dem wir ein Kloster erbaut und Mönche angesiedelt haben, die nach der Regel des heiligen Vaters Benedikt leben, Männer von strenger Enthaltsamkeit ohne Fleisch und Wein, ohne Met und Knechte, zufrieden mit dem, was sie mit eigener Hand erarbeiten. Dieses genannte Gebiet habe ich von frommen und gottesfürchtigen Männern, vor allem von dem ehemaligen Frankenfürsten Karlmann durch redliche Bemühung erworben und zu Ehren des heiligen Erlösers geweiht. Hier habe ich mit Zustimmung Eurer Huld mir vorgenommen, für einige Zeit oder auch nur für ein paar Tage den vom Alter matt gewordenen Leib in der Stille sich erholen und nach meinem Tode ruhen zu lassen.«[82] Man spürt die Verbundenheit des Bonifatius mit seinem Kloster und auch die leicht resignative Abgespanntheit und Sehnsucht nach klösterlicher Abgeschiedenheit.

Angesichts der seit 744 zunehmenden Schwierigkeiten, die aus seiner Sicht durchaus zu Bitterkeit und dem Wunsch führen konnten, sich zurückzuziehen, war es aber zunächst das Ziel des Bonifatius, Fulda auch über seinen Tod hinaus zu sichern. Deshalb bat er nach der sicher auch den Papst bewegenden Schilderung der Gründung der Abtei diesen um ein formelles Exemtionsprivileg (Urkunde, die das Kloster aus dem üblichen kirchlichen Verband ausgliedert und rechtlich direkt dem Papst unterstellt), um so

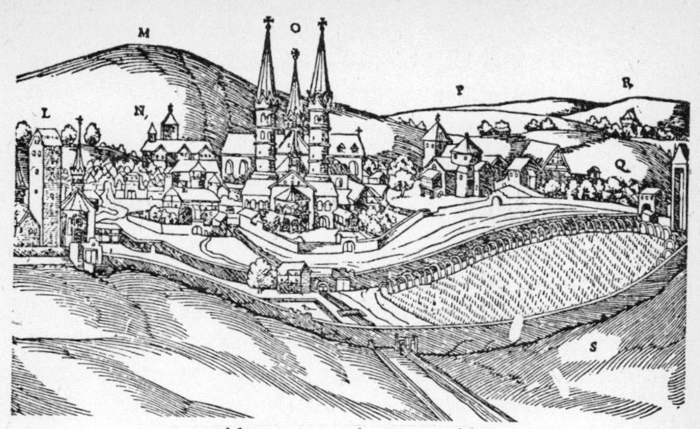

Abb. 21: Ansicht von Fulda
Holzschnitt von H. Brosamer, 1550

die Rechtsstellung des Klosters zu sichern. Papst Zacharias kam im November 751 der Bitte seines treuen Dieners nach: »Weil Du nun uns darum gebeten hast, daß das von Dir erbaute Erlöserkloster, das in einer Gegend namens Bochonia am Ufer des Flusses Fulda liegt, mit der Zierde eines Privilegs des apostolischen Stuhles ausgezeichnet werde, damit es, unter die Gerichtsbarkeit unserer heiligen Kirche, der wir nach Gottes Ratschluß dienen, gestellt, den Entscheidungen keiner anderen Kirche unterworfen wird, so bringen wir dementsprechend, indem wir Deinem frommen Wunsche willfahren, durch diese unsere Willenserklärung, was gefordert wird, zur Ausführung. Und somit verbieten wir kraft dieser Urkunde jedem Priester irgendeiner Kirche, den apostolischen Stuhl ausgenommen, in dem genannten Kloster irgendwelche Herrschergewalt auszuüben, ... damit es wirklich, als dem apostolischen Stuhl unterstellt, gestützt auf die Festigkeit des Privilegs unangefochten bevorzugt bleibe.«[83]

Das intensive Bemühen des Bonifatius um das Exemtionsprivileg zeigt, daß er in der fränkischen Landeskirche noch nicht die nötige Festigkeit konstatierte, denn er ließ Fulda durch den Eingriff des Papstes ausdrücklich aus der fränkischen Kirchenorganisation herausnehmen. Indem der Papst seiner Bitte folgte, unterstrich er einmal mehr die Verbundenheit mit seinem Legaten. Unter diesen Voraussetzungen konnte Fulda bald zu einem der führenden Klöster im Frankenreich werden, das bereits 781 364 Mitglieder hatte. Besonders berühmt wurde es wegen seiner Klosterschule und seiner Bibliothek, deren Grundstock wohl Handschriften aus dem 8. Jahrhundert und früherer Zeit aus dem Besitz des Bonifatius bildeten. Die angelsächsische Kultur, insbesondere in ihrer Ausprägung der sogenannten insularen Schrift, hatte durch das Fuldaer Scriptorium auch über den Tod des Angelsachsen Bonifatius hinaus eine Pflanzstätte auf dem Kontinent.

3. *Die Regelung der Nachfolge*

In seinen letzten Lebensjahren rückte für Bonifatius neben der Sorge um sein Kloster Fulda die um die Regelung seiner Nachfolge in den Mittelpunkt seines Interesses. Bereits 742 hatte er Papst Zacharias deswegen um Rat gefragt. Denn offensichtlich sollte Gregor, der spätere Abt von St. Martin in Utrecht, sein Nachfolger werden. Nun aber gab es Bedenken, weil dessen Bruder in einen Fehdefall mit dem fränkischen Herrscherhaus verwickelt war.[84] Der Papst wies jedoch alle diesbezüglichen Überlegungen des Bonifatius recht barsch zurück: »Was aber das anbetrifft, daß Du davon gesprochen hast, Dir einen Nachfolger zu bestellen und man möge schon zu Deinen Lebzeiten einen Bischof auf Deinen Platz auswählen, das lassen wir auf keinen Fall geschehen, da es offensichtlich jeder kirchlichen Ordnung und den Weisungen der Väter widerspricht.«[85] Bonifatius fügte sich vorerst dieser Rüge und bemühte sich erst 748 wieder um eine Nachfolgeregelung. Erneut schlug der Papst seine Bitte ab, gestattete ihm aber, in Mainz zu seiner Entlastung einen Chorbischof einzusetzen.[86] Dafür hatte Bonifatius seinen angelsächsischen Landsmann Lul auserkoren.

Um 710 in Wessex geboren und nach einer wenig zuverlässigen späteren Quelle mit Bonifatius blutsverwandt, war Lul (gest. 786) wie so viele Angelsachsen mit etlichen Angehörigen den Weg der *peregrinatio* nach Rom gegangen, wo er 737/738 Bonifatius begegnete. Dieser gewann ihn für die Arbeit in Germanien. Offensichtlich war der bildungseifrige Lul weniger für die Heidenmission als vielmehr für die Organisations- und Kulturarbeit geeignet, so daß er zunächst zur Fortsetzung seiner Studien nach Thüringen gesandt wurde. Zwischen dem geistlichen Vater Bonifatius und seinem Schüler Lul bestand jedenfalls seitdem eine enge Verbindung. Daher wies Bonifatius ihm auch nicht eine eigenständige Arbeit zu, sondern behielt ihn in seiner unmittelbaren Nähe. Während dieser Zusammenarbeit muß in Bonifatius der Entschluß gereift sein, Lul zu seinem Nachfolger zu bestimmen. Aber auch nach dem Briefkontakt mit dem Papst 748 wagte er es noch nicht, seinen Archidiakon Lul zum Bischof zu weihen, denn offensichtlich war er sich des Einverständnisses Pippins nicht sicher. So wurde Lul erst im Spätjahr 752 als Chorbischof konsekriert. Eine Entscheidung über die Bonifatius-Nachfolge war damit freilich noch nicht gefallen. Deshalb richtete der Angelsachse ein Bittschreiben an Pippin, in dem er ihn um Bestätigung der Weihe und des Nachfolgeplans ersuchte.

Diese Eingabe des Bonifatius ist nicht erhalten, wohl aber seine Bitte um ihre wohlwollende Unterstützung an den mächtigen Hofkaplan und Abt von St. Denis, Fulrad (gest. 784). Dieses Schreiben ist ein ergreifendes Zeugnis für die Situation des greisen Bonifatius. Angesichts seines nahenden Todes galt seine besondere Fürsorge den angelsächsischen Helfern. Deshalb bat er Fulrad, sich für sie bei

Pippin zu verwenden: »Deshalb bitte ich die Hoheit unseres Königs im Namen Christi, des Sohnes Gottes, er möge mir jetzt, solange ich noch lebe, mitteilen und bestimmen, welche Fürsorge er meinen Schülern später zukommen zu lassen gedenkt. Denn es handelt sich ja fast nur um Fremdlinge. Manche sind als Priester an vielen Orten zum Dienst der Kirche und des Volkes eingesetzt, andere sind Mönche in unseren Klöstern oder bestimmt für Kinder, die lesen und schreiben lernen sollen, manche, die lange mit mir gelebt und gewirkt haben, sind alt. Für sie alle bin ich bekümmert, damit sie nicht nach meinem Tode verlorengehen.« Bonifatius erhoffte für sie Schutz und Fürsorge des Königs, »damit sie nicht zerstreut werden wie Schafe, die keinen Hirten mehr haben, und damit die Völker an den Grenzgebieten der Heiden nicht das Gesetz Christi verlieren.« Geradezu flehend bat er weiter darum, »Ihr möget meinen Sohn, den Chorbischof Lul, wenn es Gottes Wille ist und Eurer Gnade gefällt, für den Dienst an den Völkern und Kirchen bestimmen und einsetzen lassen«, denn an ihm würden die Priester »einen Meister, die Mönche einen Lehrer nach der Regel und die christlichen Völker einen getreuen Prediger und Hirten haben. Daß dies geschehen möge, darum bitte ich vor allem aber deswegen, weil meine Priester an der Heidengrenze ein armseliges Leben haben.«[87] Von den Zuständen in der innerfränkischen Kirche spricht Bonifatius nicht mehr, weil es ihm nun darauf ankam, die angelsächsischen Gefährten im hessisch-thüringischen Grenzgebiet zu sichern. Lul als Mainzer Bischof sollte wohl das Oberhaupt dieser Gruppe werden. Man hat den Eindruck, daß sich Bonifatius in der *peregrinatio* mehr und mehr fremd fühlte und er kaum noch Forderungen zu erheben wagte.

Pippin bestätigte vermutlich Anfang 753 Lul als Nachfolger im Bistum Mainz, und Bonifatius hat ihm dafür in bewegten Worten gedankt.[88] Freilich blieb Lul nur Diözesanbischof, denn Erzbischof und Metropolit wurde nach des Bonifatius Tod der austrasische Adlige Chrodegang von Metz (gest. 766). Der Angelsachse Lul jedoch erfüllte das Erbe seines geistlichen Vaters auf seine Weise, indem er nämlich die Briefe des Bonifatius sammelte und überdies Willibald zur Abfassung einer Biographie veranlaßte. Damit bestätigte er das Urteil, das Willibald über ihn traf: »Lul aber war sein im Herrn getreuer Begleiter auf seiner Pilgerschaft und ein Zeuge in beiden, in seinem Leiden und seiner Tröstung.«[89]

4. Die letzte Missionsreise

Als fast Achtzigjähriger mußte Bonifatius nach der Ordnung seiner Nachfolge auch noch einmal sein Verhältnis zum Papst regeln. Denn in Rom hatte man innerhalb von einer Woche zweimal einen Papst wählen müssen. Am 15. März 752 war Zacharias verstorben, woraufhin man als seinen Nachfolger den ältlichen Presbyter Stephan erkor. Noch vor seiner Weihe erlitt dieser drei Tage später einen Schlaganfall und verstarb am 25./26. März 752. Am selben Tage bestimmten Klerus und Volk von Rom einen anderen Presbyter gleichen Namens zum Papst. Erst ein Jahr später schickte Bonifatius ihm sein Begrüßungsschreiben und versicherte ihm seine Treue und Ergebenheit, nicht ohne darauf hinzuweisen, daß er nun schon seit 36 Jahren unter dem vierten Papst sich darum bemühe, der Kirche Nutzen zu bringen. Als Entschuldigung für die Verspätung seines Briefes führte Bonifatius einen Sachseneinfall in Thüringen an, dem mehr als dreißig Kirchen durch Brandschatzung zum Opfer gefallen waren.[90]

Die letzte Sorge des Bonifatius galt der Mission. Wohl hatte er gedacht, sich noch den Sachsen zuwenden zu können, allein die Verhältnisse führten ihn nach Friesland. Die Christianisierung dort war keineswegs abgeschlossen und die Organisation der Kirche war durch die Vakanz und manche Streitigkeiten um den Bischofssitz Utrecht behindert. Deshalb begab sich Bonifatius im Frühjahr 753 an den Hof des karolingischen Königs und erwirkte dessen Zustimmung für seine Pläne.

Von Neustrien aus zog er nach Mainz, um alles für die Frieslandfahrt vorzubereiten. Willibald berichtet, wie Bonifatius im Vorgefühl des kommenden Todes schmerzlichen Abschied von Lul nahm: »Du aber, teuerster Sohn, bring den Bau der von mir in Thüringen angefangenen Kirchen zum Abschluß, ruf das Volk von den Abwegen des Irrtums kräftig und anhaltend zurück, vollende auch die von mir in Fulda bereits begonnene Kirche und führe dorthin meinen durch vieler Jahre Lauf gealterten Leib.«[91] Er instruierte Lul, neben Büchern für die Reise auch ein Leichentuch einzupacken. Per Schiff reiste die Gesellschaft dann nach Friesland. Den Winter 753/754 verbrachte Bonifatius wohl in Utrecht, wo ihm noch die Freude des Zusammentreffens mit einem angelsächsischen Geistlichen zuteil wurde: Bischof Milret von Worcester, vielleicht auf der Rückreise von Rom, besuchte ihn.[92]

Im Frühjahr 754 zog Bonifatius dann mit seinen etwa fünfzig Gefährten predigend und taufend durch Friesland und kam bis in die Nähe der Küste im Norden. Am 7. Juni 754 wurde der trotz seiner Hauptarbeit als Kirchenreformer und -organisator sich selbst stets als Heidenmissionar verstehende Erzbischof in Dokkum von beutegierigen Heiden erschlagen. Ein Alabasterrelief in der Bonifatius-Gruft des Fuldaer Domes versucht, diesen Moment darzustellen (Abb. 22). Entscheidend war für den Künstler nicht der Mord, sondern die Perspektive des Märtyrers, der das ewige Leben gewinnt. Die Engelwesen am oberen Bildrand deuten dies an.

Trotz seines entsagungsvollen Lebens in der *peregrinatio* auf dem Kontinent war Bonifatius auch ein Mann der Gelehrsamkeit und der Bücher geblieben, wovon sein Briefwechsel ein klares Zeugnis ablegt. Deshalb mag es typisch für ihn sein, daß er sich vor seinem Mörder mit einem

Abb. 22: Martyrium des Bonifatius
Alabasterrelief am Grabaltar in Fulda

Abb. 23: Das Buch, mit dem Bonifatius den Schwerthieb des Mörders abzuwehren versuchte
Codex Ragyndrudis aus Luxeuil in Burgund, nach 700

Buch zu schützen suchte. Der in der Hessischen Landesbibliothek zu Fulda aufbewahrte Ragyntrudis-Codex ist eben dieses Buch (Abb. 23; vgl. Abb. 2, S. 11). In ergreifender Weise stellt diese Sammlung theologischer Traktate somit ein Zeugnis für den Zusammenprall von christlicher und heidnischer Welt im Frühmittelalter dar. Sie zeigt freilich auch, mit welchen Waffen auf beiden Seiten gekämpft wurde. Für Bonifatius kam stets nur die Predigt mit dem Buch des Evangeliums in Frage, und es war nicht seine Schuld, daß die von ihm reorganisierte Kirche später auch zum Schwert griff.

716 hatte Bonifatius erstmals versucht, in Friesland zu missionieren, achtunddreißig Jahre später fand er in der-

selben Gegend den Tod. Der Eindruck dieses Ereignisses auf die Zeitgenossen war immens. In der im früheren Mittelalter so sehr geschätzten Heiligenverehrung nahm der Märtyrerkult die herausragendste Stelle ein, aber für das 8. Jahrhundert war das Zeitalter der Märtyrer schon Vergangenheit. »Nun aber hatte in der lebendigen Gegenwart, ja im Machtbereich des christlichen Frankenkönigs, ein Kirchenmann in ehrwürdig-biblischem Alter, eine Persönlichkeit, die zumindest ein Jahrzehnt lang im Brennpunkt des Geschehens gestanden, an der sich die Geister schieden, mit einer großen Zahl von Gefährten ein heroisches Martyrium erlitten.«[93] Rasch setzte deshalb die Verehrung des Bonifatius als Märtyrer ein, sowohl in seiner Heimat wie auch auf dem Kontinent.

Der Leichnam des Heiligen wurde über die Zuidersee nach Utrecht gebracht, von dort per Schiff rheinaufwärts nach Mainz. Wenige Tage später dann den Main hinauf bis Hochheim und von dort in einem vier bis fünf Tage dauernden feierlichen Leichenzug über Kalbach nördlich von Frankfurt auf einem der alten Verkehrswege nach Fulda. Auf diesem Weg, zwischen Sossenheim und Eschborn an der mittelalterlichen Elisabethenstraße, ist auch das Bonifatius-Kreuz gefunden worden, ein Gedenkstein nach angelsächsischer Sitte, der ein frühes Zeugnis der Verehrung des Erzbischofes darstellt (Abb. 24). Die Inschrift des Kreuzes lautet H B q †, was zu übertragen ist in *hic Bonifatius quievit*, hier ruht Bonifatius. Die sogenannte vierte Lebensbeschreibung des Bonifatius von einem unbekannten Mainzer Autor aus dem 11. Jahrhundert berichtet noch von der Aufstellung solcher Kreuze.[94] In Fulda wurde der Leichnam des Bonifatius in der noch unvollendeten Basilika der Abtei, deren Bau er selbst begonnen hatte, beigesetzt. Der heutige Barockdom, der Anfang des 18. Jahrhunderts errichtet wurde, hat nur einen Chor, der sich im Westen über der Gruft des Bonifatius erhebt.

Abb. 24: Bonifatius-Kreuz

E. Aspekte der Missionsphänomenologie des Bonifatius

Die Welt des Mittelalters erscheint dem modernen Menschen fern und fremd, die Lebenspraxis des Alltags ebenso wie die vorherrschenden Vorstellungen, Bedingungen und Ziele. Geradezu unvorstellbar wäre es für den heutigen Historiker, den Lauf der Zeit in mittelalterlicher Weise allein unter heilsgeschichtlichem Aspekt, unter der Spannung von Gottes Handeln in Gericht und Gnade zu sehen. Die Distanz zu jener Epoche, die gleichwohl Grundlage des modernen Europas ist, wird rasch deutlich an dem Etikett ›Mittelalter‹, das humanistische Philologen ihr meinten geben zu sollen. Mittelalter ist danach die Phase zwischen der glorifizierten Antike und der zu eben dieser Antike zurückblickenden Neuzeit. Überheblich sah man das Mittelalter als ein finsteres Zeitalter an, kaum der Erinnerung oder gar Erforschung wert. Wer so denkt, und mancher versagt es sich auch heute noch nicht, gerät in die Gefahr, Geschichte mißzuverstehen und als Steinbruch für gegenwärtige Auseinandersetzungen zu mißbrauchen. Wer dagegen wirklich am Verständnis der Vergangenheit interessiert ist, wird zuerst die Originalquellen zu sich sprechen lassen und bemüht sein, diese aus ihrem historischen Kontext zu verstehen. Dann wird er das Mittelalter nicht vorschnell als rückständig und dem Aberglauben ergeben klassifizieren, sondern ihm auch Größe zusprechen können. Mit Jacob Burckhardt (1818-1897) wird er es gegen seine »Feinde« in Schutz nehmen, denn »das Mittelalter hat ... wenigstens leben können ... ohne Nationalkriege – Zwangsindustrie – Credit und Capitalismus – ohne Haß gegen die Armut ... Es hatte seine eigene Größe und seine eigenen Leiden.« Deshalb, so Burckhardt, könne ihm auch nicht der »Prozeß« gemacht werden wegen der »vorweggefressenen Habe der Nachkommen«. Der Schweizer Kulturhistoriker schließt seine Überlegungen mit den Worten:

»Die Größe einer Zeitepoche ... hängt an der Quote der Aufopferungsfähigen, nach welcher Seite es auch sei. Und das besteht das Mittelalter nicht schlecht! Hingebung! Und nicht Garantie fester Besoldung! Womit beginnt die Größe? mit Hingebung an eine Sache ..., mit gänzlichem Absterben der persönlichen Eitelkeit. Größe hängt nicht ab von geistiger Überlegenheit, denn diese kann mit einem elenden Charakter verbunden sein. Größe ist die Verbindung eines bestimmten Geistes mit einem bestimmten Willen.«[95]

In diesen Kategorien sollte auch Bonifatius gewürdigt werden. Um sein Bild und das seiner Epoche zu vervollständigen, soll deshalb anhand der Originalquellen die Erzählung seines Lebensweges ergänzt werden durch Überlegungen zu seiner Missionsphänomenologie, also jenen Aspekten, Vorstellungen und Erscheinungsformen, die Wesen, Weg und Ziel seiner Arbeit ausmachten.

1. Peregrinatio propter nomen Domini

Die Furcht Christi und die Liebe zur Pilgerschaft (*timor Christi et amor peregrinationis*) waren die bestimmenden Leitmotive des Bonifatius.[96] Er stand damit ganz in der Tradition des abendländischen Mönchtums, das stets das Leben als einen ununterbrochenen Abschied von der Welt verstand, um sich umso mehr dem zukünftigen Leben im ewigen Vaterland zuwenden zu können. Grundlage dieser Pilgerschaft des Namens Gottes wegen (*peregrinatio propter nomen Domini*) waren biblische Worte, die man als aktualisierte Tradition begriff und denen man buchstäblich folgen wollte. In den entsprechenden Texten werden daher als Begründung für das Verlassen der Heimat und der Verwandtschaft immer wieder angeführt 1. Mose 12,1 (»Und der Herr sprach zu Abram: Geh aus deinem Land und aus deiner Verwandtschaft und aus dem Haus deines Vaters in das Land, das ich dir zeigen werde!«), Mt. 16,24 (»Dann sprach Jesus zu seinen Jüngern: Wenn jemand mir nachkommen will, der verleugne sich selbst und nehme sein Kreuz auf sich und folge mir nach.«) und Mt. 19,29 (»Und ein jeder, der Häuser oder Brüder oder Schwestern oder Vater oder Mutter oder Frau oder Kinder oder Äcker um meines Namens willen verlassen hat, wird hundertfach empfangen und ewiges Leben erben.«). In der *peregrinatio* kam der Bindung an Christus der höchste Stellenwert zu, und für diejenigen, die sich als Mönche ganz dem Dienst für Gott weihten, bedeutete dies den vollständigen Bruch mit den bisherigen Beziehungen. Mit dem monastischen Theoretiker Johannes Cassianus (um 360-430/435) interpretierte man das Abraham-Beispiel auf allegorische Weise als Aussage der für den Mönch unabdingbaren Entsagungen: »der Auszug aus der Heimat als Absage an alle Bindungen mit der Welt und den Menschen, der Auszug aus der Verwandtschaft als Absage an das alte, lasterhafte Leben, der Auszug aus dem Vaterhaus als die Absage an das Sichtbare und Vergängliche und als Hinwendung zum Ewigen und Zukünftigen.«[97]

Die Trennung von den Eltern wurde daher in den Lebensbeschreibungen der Heiligen entsprechend ausgestaltet, wobei es mehr auf die asketische Leistung des Heiligen als auf den tatsächlichen Widerstand der Eltern ankam. Auch Willibald folgte in seiner Bonifatius-Biographie diesem Typus (vgl. Kap. IV.A.2.). Das *peregrinatio*-Programm war demnach für Bonifatius tiefer Ausdruck seiner Frömmigkeit und seines Glaubensgehorsams. Nur diese religiösen Beweggründe ermöglichten es ihm, das entsagungsvolle Leben der täglichen Askese in der Fremde von 716 bis 754 zu ertragen. Dementsprechend flehte er, »daß der gütige Herr, der die Ursache unserer Pilgerschaft ist [*Dominus, qui causa est peregrinationis nostrae*], das Schiff unserer Gebrechlichkeit beschützt, damit es nicht in den Wogen der Stürme Germaniens untergehe, und, von seiner Rechten gelenkt und unversehrt bewahrt, an das stille Ufer des himmlischen Jerusalems bringt.«[98]

Die Form der *peregrinatio* konnte durchaus unterschiedlich sein und sich auf eine Pilgerfahrt nach Rom oder auf ein Leben im Kloster- und Einsiedlerdasein beziehen. Besonderes Kennzeichen der angelsächsischen Mönche war es, daß sie die *peregrinatio* auch als seelsorgerliche Missionsarbeit verstanden. So konnte sich bei ihnen das Bemühen um das eigene Heil verbinden mit der Christianisierungspredigt bei den Heiden. Gerade die tiefer Gläubigkeit entspringende *peregrinatio* des Bonifatius wurde dadurch geschichtswirksam. Wenn der Kupferstich aus der von Nikolaus Serarius (1555-1609) verfaßten Mainzer Geschichte aus dem Jahre 1604 die Einzeldarstellung des Bonifatius mit zwölf Szenen aus seinem Wirken umrahmt (Abb. 25), so sind die abgebildeten Ereignisse alle Ausfluß eines *peregrinatio*-Lebens. Serarius zeigt, nicht immer historisch exakt, Bonifatius bei der Heidenpredigt in Friesland (1), einer Massentaufe (2), dem Gespräch mit friesischen Stammesoberen (3), der Entgegennahme der Sendungsurkunde zur Heidenmission in Rom (4), der Salbung Pippins (5), dem Bau einer Kirche (6), der Weihe Luls zum Chorbischof in Mainz (7), der Zerstörung eines Götzenbildes (8), der Übergabe der Schlüssel der Kirche von Utrecht an Gregor (9), dem Abschied von den in Utrecht zurückbleibenden Gefährten (10) sowie die Ermordung des Bonifatius (11) und die Überführung seines Sarges nach Mainz (12).

Daß dem Pilgerdasein auch Gefahren ganz anderer Art drohen konnten, ist durch den Briefwechsel des Bonifatius bekannt geworden. Denn als bei den Angelsachsen die *peregrinatio* als Romfahrt zu einer Modeerscheinung wurde, machten sich zwar viele auf den Weg, erreichten ihr Ziel aber nie. »Es wäre gut,« so schrieb Bonifatius 747 an Erzbischof Cuthberht von Canterbury, »und ein Beweis der Ehrbarkeit und Sittsamkeit Eurer Kirche sowie eine Ver-

Abb. 25: Szenen aus dem Wirken des Bonifatius
Kupferstich von N. Serarius, 1604

hüllung der Schändlichkeit, wenn die Synode und Eure Fürsten den Frauen ... dieses Reisen und den starken Verkehr auf dem Hin- und Rückweg zur Stadt Rom verbieten würden, weil sie zum großen Teil zugrunde gehen und nur wenige rein bleiben. Es gibt nämlich nur sehr wenige Städte in der Lombardei, in Francien oder in Gallien, in der es nicht eine Ehebrecherin oder Prostituierte aus dem Stamm der Angeln gibt. Das ist aber ein Ärgernis und eine Schande für Eure ganze Kirche.«[99] Die Prostitution als Endstation der *peregrinatio*, das war die andere Seite der Pilgerbegeisterung der Angelsachsen.

2. *Heimatverbundenheit und Gebetsverbrüderung*

So sehr Bonifatius auch in der biblisch begründeten Leitvorstellung der *peregrinatio* lebte, die Verbindung zu seiner angelsächsischen Heimat hat er in den vielen Jahren seiner Aktivitäten auf dem Kontinent nie abreißen lassen. Freilich handelte es sich dabei nicht um Beziehungen zu seinen leiblichen Verwandten, sondern zu Geistlichen. In menschlich bewegender Weise zeigen die Briefe des Bonifatius, welche Hilfe ihm diese Kontakte gerade in Zeiten der Bedrängnis waren.

Da Bonifatius während seiner Klosterjahre selbst an den Geschicken der angelsächsischen Kirche beteiligt gewesen war, erlahmte sein Interesse an ihrem Fortgang nie. 746 richtete er ein scharfes Mahnschreiben an König Aethelbald von Mercien (König 716-757), dem er Vergehen an Volk und Kirche vorwarf. Vor allem ging es um den sittlichen Lebenswandel des Königs, der nicht in rechtmäßiger Ehe lebte und selbst Nonnen und gottgeweihte Jungfrauen in den Klöstern verführte. Hintergrund dieses Briefes wird der Spott der fränkischen Gegner des Bonifatius gewesen sein, die dem Eiferer für die Reform der Kirche vorgeworfen haben dürften, seine eigene Heimatkirche gebe auch kein gutes Beispiel. Der Erzbischof hat deshalb auch nicht allein an Aethelbald geschrieben, sondern eigens eine Sondersynode seiner Mitbischöfe angelsächsischer Herkunft zusammengerufen und mit ihnen gemeinsam die Bußpredigt verfaßt. Überdies bat er angelsächsische Geistliche in weiteren Briefen, ihrerseits dem König die Mahnungen vorzutragen.[100] Leider schweigen die Quellen über den Erfolg dieses Unternehmens, das eindrucksvoll die Sorge des Bonifatius um seine Heimat belegt. Sie entspricht dem, was er Erzbischof Cuthberht von Canterbury 747 über die gemeinsame Arbeit mitteilte: »Es ist unser Wunsch, daß eine solche geistliche Aussprache über Ratschläge, wenn Gott will, solange wir hier unter den Sterblichen leben, immer gegenseitig mitgeteilt werde, unter dem Beistand dessen, von dem allein heilige Wünsche, richtige Ratschläge und gerechte Werke kommen.«[101]

Der wichtigste Trost auf dem Pfad der Pilgerschaft aber war Bonifatius die Gebetsverbrüderung mit Männern und Frauen des geistlichen Standes. Seine Briefe enthalten eine ganze Serie von entsprechenden Bitten um Gebetsunterstützung.[102] Teils gingen sie von Bonifatius selbst aus, teils baten ihn andere darum. Vornehmlich bestanden solche Kontakte nach England, aber auch nach Rom und nach Monte Cassino. 735/736 beispielsweise bat Bonifatius die Äbtissin Eadburg (gest. ca. 751) des Klosters *Beata Dei Genetrix Maria* auf der Insel Thanet in Kent um Gebetshilfe: »Außerdem richte ich in sicherem Vertrauen auf Deine Liebe an Dich die Bitte, Du mögest für mich beten, weil mich um meiner Sünden willen die Stürme eines gefahrvollen Meeres bedrängen, mit der Bitte, daß er, der in der Höhe wohnt und in die Tiefe hinabblickt, meine Missetaten verzeihend mir bei Öffnung meines Mundes das Wort verleihe, auf daß das Evangelium vom Ruhme Christi unter den Heiden seinen Weg mache und verherrlicht werde.«[103] Ähnlich erhoffte er sich die Gebete der angelsächsischen Nonnen Lioba, Thekla und Chunihild, damit »ich, weil ich der letzte und schlechteste aller Beauftragten bin, die die katholische und apostolische Kirche Roms zur Verkündigung des Evangeliums bestimmt hat, nicht gänzlich ohne Gewinn für das Evangelium unfruchtbar sterbe und ohne eine Anzahl von Söhnen und Töchtern heimkehre.«[104]

Stets dachte Bonifatius bei seinen Gebetsbitten zuerst an die Missionsarbeit, die in der Gefahr stand, von Widersachern überwunden zu werden.[105] So schrieb er wohl um 738 an den sonst unbekannten Abt Aldherius: »Wir bitten Euch auch um Eure Fürsprache für die dem Götzendienst ergebenen Völker Germaniens, indem ihr den Herrn, der für das Heil der ganzen Welt sein Blut vergossen hat und will, daß alle Menschen gerettet werden und zur Erkenntnis der Wahrheit kommen, darum bittet, daß er sie zur Erkenntnis des Schöpfers und in den Schoß der Mutter Kirche führe.«[106] Diese Verbindung seiner Gebetsbitten mit seinem Lebensziel konkretisiert in besonderer Weise der Aufruf des Jahres 738 an alle Angelsachsen, für die Bekehrung der Sachsen zu beten: »... daß Ihr durch die Bitten Eurer Frömmigkeit zu erreichen sucht, daß unser Gott und Herr Jesus Christus ... die Herzen der heidnischen Sachsen zum katholischen Glauben bekehre, und daß sie sich retten aus den Schlingen des Teufels, durch die sie gefangengehalten werden, und sich den Söhnen der Mutter Kirche zugesellen.«[107] Die Heimat des Bonifatius nahm tatsächlich teil an seiner Arbeit. So teilte etwa König Aelbwald von Ostanglien (König 747-749) ihm mit, daß er in die Gebetsverbrüderung der Lebenden und Toten aufgenommen worden sei und sein Name bei den sieben Gebetszeiten in den Klöstern am Altar genannt werde.[108] Mit Sicherheit waren diese Gebetskontakte für Bonifatius von zentraler Bedeutung, gaben ihm Kraft und Trost in seiner Arbeit und erhellen die Glaubensgrundlage seines Lebens.

Der oft schwere Alltag des Bonifatius wurde freilich auch durch Aufmerksamkeiten und Freundlichkeiten erleichtert. Insbesondere waren es Geschenke von ihm und an ihn, die immer wieder eine persönliche Note in seinen Briefwechsel bringen. Die angelsächsische Äbtissin Bugga (gest. wohl 759) ersuchte ihn beispielsweise, »die heiligen Meßopfer darbringen zu wollen für die Seele meines Verwandten« und verband diese Bitte mit der Übersendung von 50 Solidi und einem Altartuch, bedauernd, daß sie keine größeren Geschenke habe bekommen können.[109] An Bischof Pehthelm von Whithorn (gest. 735) schickte Bonifatius »einen mit weißen Punkten gestickten Leibmantel und ein zottiges Tuch, um die Füße der Diener Gottes abzutrocknen.«[110] Aber auch andere Geschenke gelangten durch Boten über den Kanal. Erzbischof Ecberth von York (Erzbischof 732-766) erhielt »statt eines Kusses zwei Weinfäßchen überschickt mit der Bitte, Euch davon mit Eueren Brüdern einen frohen Tag zu machen.«[111] Von König Aethelberth II. von Kent (König 748-762) erhielt der Erzbischof »in aufrichtiger Liebe einige kleine Geschenke übersandt, nämlich einen silbernen, innen vergoldeten Trinkbecher, im Gewicht von dreieinhalb Pfund, und zwei Zottelwämser.« Als Gegengabe erhoffte sich der König von Bonifatius: »Nach dem, was man mir gesagt hat, glaube ich nicht, daß es für Dich schwierig ist, das zu bekommen, nämlich zwei Falken, deren Kunst und Kühnheit darin bestehen soll, daß sie gern Jagd auf Kraniche machen, sie schlagen und dadurch zu Boden bringen. Unsere Bitte, diese Vögel zu erwerben und uns zu übersenden, richten wir deswegen an Euch, weil man in unseren Gegenden, also in Kent, nur sehr wenige Habichte dieser Art trifft, die eine so tüchtige Brut hervorbringen, daß sie zu der erwähnten Kunst geistig anstellig und kampflustig werden und sich dazu zähmen und abrichten lassen.«[112]

Wichtiger als solche profanen Dinge waren für Bonifatius Bücher. Oft bat er angelsächsische Kleriker um Handschriften, die er selbst auf dem Kontinent nicht bekommen konnte. Seinem ehemaligen Schüler und jetzigen Abt Dudd schrieb er 735: »Erbarme Dich nunmehr des alten

Mannes, der müde geworden ist von den Stürmen des germanischen Meeres, die ihn von allen Seiten trafen, indem Du Dich bemühst, mir mit Deinen zu Gott gesandten Gebeten zu helfen und mich mit Abschriften der heiligen Schrift zu unterstützen, vor allem mit den geistlichen Schriften der heiligen Väter. Weil bekanntlich eine geistliche Lehrschrift ein Lehrmeister derer ist, die die heilige Schrift lesen, so bitte ich Dich, den mir fehlenden Teil der Schrift über den Apostel Paulus mir zuzusenden, um meine Gottesgelehrtheit zu fördern; ich habe nämlich nur zwei Briefe Lehrschriften, über den an die Römer und den ersten an die Korinther.« Dem alten Schüler gegenüber benutzte Bonifatius in fast wehmütiger Form auch noch einmal seinen Geburtsnamen Wynfreth. Sich selbst als Dudds »unwissenden Vater« bezeichnend, bat er diesen, doch neben den gewünschten exegetischen Schriften das Klosterarchiv zu durchstöbern und ihm alles mitzuteilen, was für ihn in seiner Arbeit von Nutzen sein könne.[113] Eine besondere Bitte ging 735 an Äbtissin Eadburg: Bonifatius schickte ihr eigens Gold, um sich im Scriptorium ihres Klosters ein Exemplar der Petrusbriefe in Goldunzialen fertigen zu lassen, »zur Achtung und Ehrfurcht vor der heiligen Schrift in den Augen der Fleischesmenschen bei der Predigt, und weil ich die Worte gerade dessen, der mich auf diese Fahrt ausgesandt hat, allezeit vor Augen haben möchte.«[114] In ähnlicher Form hat Bonifatius um Märtyrergeschichten, die Briefe Gregors an Augustin und die Werke Bedas gebeten.[115] Auf diese Weise mag er auch den Codex Ragyndrudis, der allerdings aus Burgund stammt, erhalten haben (Abb. 26; vgl. Abb. 23, S. 102).

Gebetsverbrüderungen, Austausch von Nachrichten und Grüßen, Geschenke und Bücher hielten so die Verbindung mit der Heimat auch in der *peregrinatio* aufrecht. Sie waren persönlicher wie geistlicher Rückhalt für Bonifatius und gaben ihm Kraft für seine Arbeit.

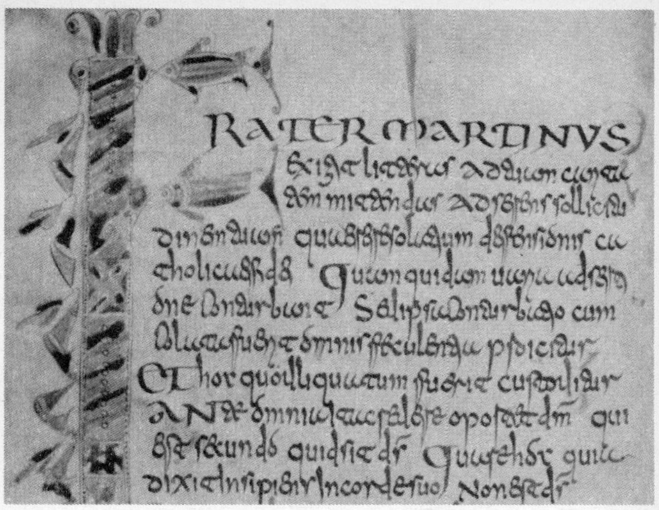

Abb. 26: Codex aus dem Besitz des Bonifatius
Codex Ragyndrudis aus Luxeuil in Burgund, nach 700

3. *Mission im Familienverbund*

Im Kontakt mit seiner Heimat beließ Bonifatius es nicht nur bei Bitten um Gebetsunterstützung, sondern er warb auch nachdrücklich um Mitarbeiter für die Mission in Germanien. Offensichtlich war vor allem seit Mitte der dreißiger Jahre des 8. Jahrhunderts sein Ruf als Heidenprediger in England so anerkannt, daß geradezu ein Zustrom von Helfern einsetzte. Der Biograph Willibald berichtet davon: »Und so geschah es, daß der Ruf seiner Predigt bekannt wurde und so sehr wuchs, daß sein Name schon im größten Teil Europas widerhallte und zu ihm aus den Landen Brittaniens eine große Anzahl Knechte Gottes, Lehrer und Schreiber, sowie Männer, die auch in verschiedenen anderen Künsten geübt waren, zusammenströmten. Von diesen ordneten sich nun sehr viele seiner Leitung als Mönche unter und riefen an vielen Orten das Volk von den unheiligen Abwegen des Heidentums zurück, andere wiederum predigten im Land der Hessen, andere auch in Thüringen, weit und breit unter dem Volk zerstreut, in Gauen und Dörfern das Wort des Herrn.«[116] Der Eindruck dieser im geistlichen Familienverband wirkenden Missionare war zumindest auf die der Kirche zugehörigen Zeitgenossen so stark, daß sie von der Gegenwart einer Apostelgruppe sprachen. So bemerkt Ermanrich von Ellwangen (um 814-874) in seiner 839-842 entstandenen Lebensbeschreibung des Heiligen Suolo (gest. 794) aus der Rückschau: »Damit das Licht des Glaubens in diesem unserem Lande noch heller aufleuchte, ging er [Bonifatius; v.P.] daran, aus seinem heiligen Gefolge verdiente Männer als Bischöfe und Priester überall dort aufzustellen, wo solche notwendig waren. Diese haben zusammen mit ihrem Lehrer, als wäre er der Fürst der Apostel, unser Volk so sehr zum Rechten angehalten, daß man glaubte, die Apostel selber wären anwesend; denn der lebendige Glaube und der sittliche Fortschritt in den Gegenden, in denen sie predigten, beweisen, daß bis heute der Keim dieser Aussaat in herrlicher Weise sich entfaltet.«[117] Das Zusammenwirken von Bonifatius mit seinen Schülern verstand man demnach wegen der Kontinuität der geistlichen Verwandtschaftsbeziehungen als ein Wiederaufleben der Zeit der Apostel der Urgemeinde. Der Angelsachse hatte offensichtlich das erforderliche Charisma zur apostolischen Lebensführung, um in dieser Form zum geistlichen Vater einer ganzen Generation von vornehmlich angelsächsischen Mönchen und Nonnen zu werden.

Je größer für Bonifatius die Schwierigkeiten mit den Vertretern der innerfränkischen Landeskirche wurden, desto mehr hat er auf seine angelsächsischen Helfer wie Lioba, Thekla, Wigbert, Burchard, Willibald, Wynnebald (701-716) und manche andere vertraut und versucht, mit ihnen die Kirche so zu gestalten, wie es ihm in der angelsächsischen Tradition und in der Verantwortung vor Rom geboten erschien. Daß ihm die Landsleute in dieser oft schwierigen Situation auch menschlich näher standen, nimmt nicht wunder. Ein besonders enges Verhältnis hatte Bonifatius zu Lioba, mit der er auch durch natürliche Verwandtschaft verbunden war. Sie ist wohl jene »Schwester«, der er zwanzig in Hexametern gefaßte Rätsel übersandt hat.[118] Lioba selbst richtete um 732 einen herzlichen Brief an den »in Christus teuersten und mir verwandtschaftlich verbundenen Herrn Bonifatius«, in dem sie von dem Ergehen ihrer Eltern – ihre Mutter war eine Verwandte des Bonifatius – berichtete und ihn bat: »Ich bin die einzige Tochter meiner Eltern, und obwohl ich es nicht verdiene, wünschte ich Dich an Bruders Statt annehmen zu dürfen, weil ich auf keinen Menschen meines Geschlechts mit solcher Zuversicht meine Hoffnung setze wie auf Dich ... Liebwerter Bruder, ich richte an Dich mit noch größerem Nachdruck die Bitte, mich zu schützen durch den Schild Deiner Gebete gegen die vergifteten Pfeile des geheimen Feindes.«[119] Diese Bitte ging insofern in Erfüllung, als Lioba bald nach diesem Schreiben auf den Kontinent wechselte und als Äbtissin von Tauberbischofsheim eingesetzt wurde. Das anrührendste Kennzeichen dieser Verbindung war der von Rudolf von Fulda (vor 800-865) in der 836 abgefaßten *Vita Leobae* mitgeteilte Wunsch des Bonifatius, Liobas Gebeine mit den seinen in einem (!) Grab in Fulda zu bestatten, um mit ihr gemeinsam den Tag der Auferstehung erwarten zu können. Diesem merkwürdigen Wunsch folgte man allerdings nicht. Lioba wurde zwar in der Fuldaer Klosterkirche, nicht aber im Bonifatiusgrab beigesetzt.[120]

Die angelsächsischen Brüder Willibald und Wynnebald gehörten ebenfalls zur natürlichen wie zur geistlichen Verwandtschaft des Bonifatius. Beide hatten sich dem *peregrinatio*-Weg nach Rom unterzogen, wo Wynnebald in der dortigen angelsächsischen Kolonie lebte und Willibald nach einer abenteuerlichen Pilgerfahrt nach Palästina und Konstantinopel im Kloster Monte Cassino wirkte. Bei seiner dritten Romreise 737/738 gelang es Bonifatius unter dem ausdrücklichen Hinweis auf ihre Verwandtschaftsbeziehung, die Brüder für den Missionsdienst in Germanien zu gewinnen. Willibald wurde dann Bischof von Eichstätt, während Wynnebald das Kloster Heidenheim gründete. Die Brüder zogen noch weitere Familienmitglieder in ihren Wirkungskreis, so etwa ihre Schwester Walburga (um 710-790), die nach Wynnebalds Tod das Kloster übernahm, das dafür eigens in ein Doppelkloster für Mönche und Nonnen umgewandelt werden mußte. Sie bilden so das beachtenswerte Beispiel einer geistlichen Familie in der Christianisierungsarbeit.[121] Ihr Zusammenhalt mit Bonifatius kommt auch in einem späteren Bildzeugnis zum Ausdruck (Abb. 27). Es handelt sich um eine Miniatur im Pontifikale des Eichstätter Bischofs Gundekar II. (1019-1075), die in der oberen Reihe von links Willibald, Bonifatius und Wynnebald und darunter Walburga, Vitus (als Märtyrer gest. etwa 304/305) und Gunthild (möglicherweise identisch mit Chunihild, der Gefährtin Liobas) darstellt. In Verbindung mit der Eichstätter Lokaltradition blieb das Echo auf die Mission der Angelsachsen im Familienverband demnach auch nach dreihundert Jahren noch lebendig.

Diese Mission im Familienverband ist ein besonderes Kennzeichen der Arbeitsweise der Angelsachsen. Denn durch die Beteiligung von natürlichen Verwandten bis hin zur Besetzung wichtiger Schlüsselpositionen als Bischöfe, Äbte und Äbtissinnen im fränkischen Missionsgebiet unterlaufen sie ja im Grunde die *peregrinatio*-Vorstellung von der Trennung von Familie und Vaterland. Archaische Tradition und christliche Intention gehen hier eine beachtenswerte Verbindung ein. Einerseits erhielt man alte soziale Bindungen und übernahm die heidnische Idee von der bestimmten Familien innewohnenden Segenskontinuität,

*Abb. 27: Bonifatius (oben Mitte)
zwischen angelsächsischen Heiligen
Pontifikale des Eichstätter Bischofs Gundekar, vor 1075*

andererseits lebte man so in christlichen Bezügen, daß selbst natürliche Verwandtschaft allein unter dem Aspekt geistlicher Vater- und Sohn- bzw. Lehrer- und Schülerschaft gesehen wurde. In alledem kommt natürlich das besondere Sendungsbewußtsein der Familien jener Gründungsepoche der Kirche in England wie auf dem Kontinent zum Ausdruck. So konnten dann auch die Familienbeziehungen des Bonifatius als Beleg christlicher Segenskraft interpretiert werden.

4. Klostergründungen

Einblick in Lebensweise und Funktion der Klöster gibt ein Brief des Bonifatius, den er bald nach dem Tod des 746 verstorbenen Abtes Wigbert den Brüdern des Klosters Fritzlar sandte. Hervorgegangen war dieses 732/733 gegründete Kloster aus jenem Missionsstützpunkt um die Peterskirche, die Bonifatius 723 nach Fällung der Donareiche errichtet hatte. Bis zur Gründung von Fulda 744 war Fritzlar die Ausbildungsstätte der Mitarbeiter des Bonifatius und Ausgangspunkt für die Missionsarbeit. Nach dem Tode des ersten Abtes gab er der Gemeinschaft der Mönche nun Instruktionen zur Selbstverwaltung: »In väterlicher Liebe beschwöre ich Euch Lieben, daß Ihr mit um so größerer Gewissenhaftigkeit darauf bedacht seid, die Regel des mönchischen Lebens zu beachten, als unser Vater Wigbert verstorben ist. Der Priester Wigbert und der Diakon Megingoz [gest. 794] sollen Euch über Eure Regel belehren und auf die Einhaltung der Gebetsstunden [*spiritales horas*] und den Ablauf des Kirchendienstes achten, die anderen ermahnen, die Kinder lehren und den Brüdern Gottes Wort verkündigen. Hiedde soll Prior [*prepositus*] sein und unsere Hörigen anweisen, und Hunfried soll ihm helfen, wo immer es nötig ist. Styrme sei in der Küche. Bernhard sei Werkmeister [*operarius*] und baue an unseren Häuschen, wo es nötig ist. Und bei allem, wo immer es Euch nötig erscheint, fragt den Abt Tatwine und tut, was er Euch sagt. Und ein jeder bemühe sich nach Kräften, sowohl den eigenen Lebenswandel in Keuschheit zu bewahren als auch in Eurem Zusammenleben einander zu helfen und in brüderlicher Liebe zu verharren, bis wir, so Gott will, wieder selbst zu Euch zurückkehren. Dann wollen wir zusammen den Herrn loben und ihm für alles danken. Lebt wohl in Christus.«[122]

Nach benediktinischem Muster wies Bonifatius geeigneten Persönlichkeiten bestimmte Aufgaben zu, um so den Ablauf des Klosterlebens zu ordnen. Neben den Anweisungen für das Zusammenleben der Mönche wird deutlich, daß das Kloster auch eine wichtige Funktion für die Umgebung hatte: Für den kirchlichen Dienst bestimmte Kinder wurden dort erzogen und durch hörige Landarbeiter war es auch ein Wirtschaftsfaktor, der zur Erhöhung der Lebensqualität der Menschen beitrug (vgl. Kap. IV.E.5.). In mehrfacher Hinsicht waren die Klöster nach dem Fritzlaer Beispiel Bestandteil des Programms der ›kulturellen Evangelisation‹.[123] Im Vordergrund standen der Gebetsdienst, die Seelsorge und die Verkündigung. Die Klöster übernahmen also in der Christianisierungsphase kirchliche Aufgaben, ganz einfach deshalb, weil es noch keine flächendeckende Kirchenorganisation gab. Als Zentren der Bildung und Erziehung übermittelten sie Teile der antiken Kultur in das christliche Abendland und standen überdies durch Armen- und Krankenpflege auch im Dienst der Sozialfürsorge.[124] In vielfältiger Weise bildeten die Klöster demnach den eigentlichen organisatorischen und personellen Rückhalt der Missionsarbeit. In ihrer spezifischen Ausrichtung waren sie auch eine Herausforderung für die verwilderte innerfränkische Kirche, zeigten sie deren Vertretern doch, wie der Dienst der Kirche für Christus eigentlich aussehen sollte. Aus diesen Gründen hat Bonifatius zahlreiche Klöster gegründet und dort Evangelisten und Kirchenmänner herangebildet, die sein Missions- und Organisationswerk erst ermöglichten.[125]

5. Erhöhung der Lebensqualität

Das Leben der Menschen im Mittelalter war überhaus hart. Die Säuglingssterblichkeit war sehr hoch, und die Lebenserwartung betrug kaum dreißig Jahre. Wer dennoch überlebte, hatte mit vielen Unbilden zu kämpfen. Man wohnte, selbst in stadtähnlichen Siedlungen, in zugigen Holzhütten. »Dichtgedrängt hockte man, zumal im Winter, um den offenen rauchend-rußigen Herd; das Licht fiel durch die Eingangstür oder durch die Rauchluke des Daches. Waren Fensteröffnungen vorhanden, so wurden sie, da es Glas noch nicht gab – es wurde vom 12. Jahrhundert an zunächst nur in Kirchen verwendet –, mit hölzernen Rahmen, in die geöltes Pergament gespannt war, zugestellt, manchmal nur mit Stroh zugestopft. Stroh diente auch als Unterlage beim Schlafen auf dem gestampften Lehmboden.«[126]

Der Rhythmus der Natur und der Jahreszeiten gab auch den des alltäglichen Lebens vor. Die Natur, der man seinen Lebensunterhalt abzutrotzen bemüht war, wurde als unheimlich, oft auch als feindlich erlebt. Darüber hinaus fühlten sich die heidnischen Menschen von Geistermächten bedroht.

Die Tätigkeit der Missionare mit ihre Verkündigung ethischer Leitlinien (vgl. Kap. IV.E.7.) konnte sich angesichts dieser Situation nur bessernd auf das Volk auswirken. Nicht nur gab die frohe Botschaft dem Dasein Perspektive und Sinn, auch eine ganz handfeste Verbesserung der Lebensqualität kam hinzu. Gerade die überall gegründeten Klöster wirkten auf die Bewohner der umliegenden Dörfer wie Inseln in einem bedrohlichen Meer. Angelegt wurden sie oft in verkehrsgünstiger Lage am Verlauf von Handelsstraßen oder als Vorposten in Grenzgegenden. Sie schufen Arbeitsmöglichkeiten für die Bevölkerung, die teilweise in Klosterdienste trat, bei anfälligen Rodungsarbeiten half und Ackerbau und Viehzucht für die Mönche oder Nonnen betrieb. Größere Klöster wurden dadurch zu Keimzellen von Handwerker- und Kaufleutesiedlungen.

In den kirchlichen Quellen ist von dieser Entwicklung meist nur beiläufig die Rede. So erfährt man beispielsweise, daß der Raum vor der Fritzlarer Kirche mit Weinstöcken bepflanzt wurde, ein Hinweis auf die Bedeutung der Klöster für die Kultivierung des Landes.[127] Wichtig war daneben die Versorgung der Alten und Armen. War dies auch in erster Linie die Aufgabe der jeweiligen Familien, so übernahmen doch die Klöster mehr und mehr diesen Bereich der Sozialfürsorge. »Schließlich oblag auch die Krankenpflege den Mönchen. Soweit ärztliche Versorgung und medizinische Kenntnisse im Mittelalter überhaupt verbreitet waren, finden wir sie in Klöstern, wo ein Kräutergarten für die notwendigen Heilmittel sorgte und die Kranken in einem angegliederten Hospital verpflegt werden konnten.«[128] Ein weiteres wichtiges Gebiet der Verbesserung der Lebensqualität war die Bildungs- und Erziehungsarbeit. Von Lioba ist bekannt, daß sie eine bestimmte Zeit auf die Unterweisung eines jungen Mädchens verwandte.[129] Da nur solche Priester geweiht werden sollten, die Lesen und Schreiben konnten, mußte in den Klöstern ein entsprechender Unterricht erteilt werden.[130] Auch Kinder wurden in den Klöstern von eigens dafür abgestellten Mönchen unterwiesen, es wird sich dabei allerdings um für den geistlichen Dienst bestimmte gehandelt haben. Auf vielfältige Weise haben Bonifatius und seine Helfer so zur Verbesserung der Situation des Volkes beigetragen.

All dies diente, wie der römische Archidiakon Theophylactus (747 Anwärter auf die Nachfolge von Papst Stephan II.) 748 in einem Schreiben an Bonifatius betonte, dazu, »daß die Völker der Franken und Galliens, indem sie an dem Weg des gewohnten Glaubens festhalten, sich in stärkerem Glanze erheben, und unter Eurer heiligen Zeit die Völker nicht bloß im Westen, sondern überall aufblühen.«[131] Dies freilich war eine idealtypische Sicht. Durch die Verbreitung des Christentums römischer Prägung wußten die Menschen des frühen Mittelalters sich zwar hineingestellt in den heilsgeschichtlichen Lauf der Zeit, ein jeder an seinem Platze. Doch die heidnische Sorge um das Heil des Stammes wurde durch die besondere Prägung der Kirche eigentlich nur umgewandelt in die geistliche Sorge um das Seelenheil. »Diese Seelennot begleitet den Menschen sein ganzes Leben. Kaum war ein Menschenkind geboren, mußte man zusehen, es im rechten Augenblick taufen zu lassen, denn ungetauft gestorben kam es nach der Lehre der Kirche an einen Ort zwischen Himmel und Hölle, blieb ohne die Anschauung Gottes. Wurde es getauft, so mußte ein Exorzist, ein Teufelsaustreiber – immerhin die dritte Stufe der vier niederen Weihen, eine Durchgangsstufe für jeden Priester – mit seinem Ritual tätig werden, damit nicht böse Geister den Taufakt störten oder gar unwirksam machten.«[132] Hatte man diese Aktion überstanden, so blieb einem wegen des kultisch-institutionellen Frömmigkeitstypus' und dem Vertragscharakter des Glaubens die bedrängende Sorge um das ewige Seelenheil gleichwohl erhalten und gab dem Leben oft einen düsteren Ernst. So sehr also durch die Missionare der Christianisierungsepoche auch die Lebensqualität der Menschen in vielerlei Hinsicht verbessert wurde, ein Durchbruch zur evangelischen Freiheit der Glaubensnachfolge wurde nicht erreicht.

6. Mission durch Wort und Tat

Die eigentliche Missionsmethode der angelsächsischen Kleriker war natürlich die Predigt, die nach Möglichkeit in der jeweiligen Volkssprache gehalten wurde. Bonifatius beherrschte das fränkische Idiom, und auch von seinen Mitarbeitern ist nicht bekannt, daß sie sich der Mithilfe von Übersetzern bedienen mußten. Über den Inhalt der Missionspredigten schweigen die Quellen weitgehend, denn diese Texte wurden von Geistlichen für Geistliche verfaßt, die genau wußten, wie man zu predigen hatte. So lassen sich nur einige Grundzüge der frühmittelalterlichen Homiletik feststellen.

Grundlage der Predigten des Bonifatius war ein intensives Schriftstudium. Sein Biograph Willibald berichtet, daß er »von seiner Kindheit an bis zum hinfälligen Greisenalter der Weisheit früherer Väter in nicht geringem Maße nachgeeifert hat, da er die Worte der Propheten und Apostel, die durch den Griffel der Weisheit aufgezeichnet sind, und das ruhmvolle Leiden der Märtyrer, wie es in den Schriften dargestellt ist, sowie vor allem die evangelische Überlieferung unseres Herrn Gottes sich täglich dem Gedächtnis eingeprägt hat.«[133] Während seines ganzen Lebens war Bonifatius darum bemüht, seine Kenntnisse der Heiligen Schrift durch Kommentare zu erweitern. Deshalb bat er immer wieder um die Zusendung exegetischer Werke. Beispielsweise ließ er sich aus England Abhandlungen zur Bibel von Beda schicken, vor allem solches Textmaterial, »was uns für die Predigt brauchbar, handlich und höchst nützlich erscheint, die Abhandlungen über das Vorlesebuch des ganzen Jahres und über Salomos Sprüche.«[134] Zur Vorbereitung seiner Predigten diente ihm eine Evangelienharmonie. Dabei handelt es sich um die uns seit dem 2. Jahrhundert begegnenden, von der Synopse zu unterscheidenden Versuche, aus den Berichten der vier Evangelien eine einheitliche Form der Geschichte des Lebens Jesu Christi herzustellen. Bonifatius war im Besitz des sogenannten Victor-Codex aus Italien, der 546/547 auf Veranlassung des Bischofs Victor von Capua (Bischof 541-554) geschrieben wurde, welcher die Herstellung auch überwachte und korrigierte (Abb. 28). In einem seiner Briefe zitiert Bonifatius 1. Petr. 5,8f in einer Textform, die sich nur im Victor-Codex befindet.[135] Die Märtyrergeschichten werden ihm dazu gedient haben, seinen Predigten durch Beispiele Anschaulichkeit zu verleihen. Den entsprechenden Ansprü-

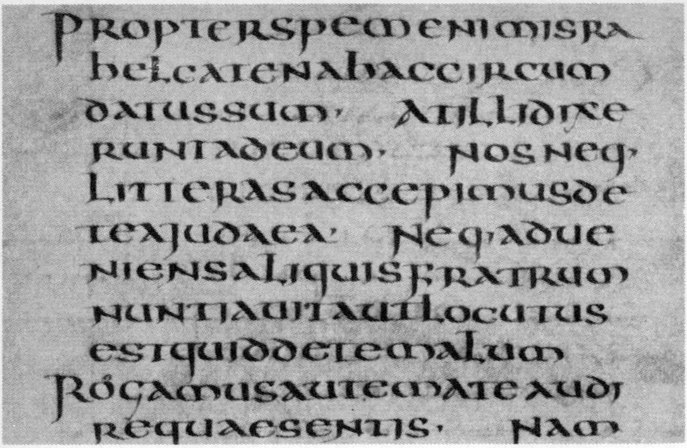

PROPTERSPEMENIMISRA
HELCATENAHACCIRCUM
DATUSSUM· ATILLIDIXE
RUNTADEUM· NOSNEQ·
LITTERASACCEPIMUSDE
TEAIUDAEA· NEQ·ADUE
NIENSALIQUISFRATRUM
NUNTIAUITAUTLOCUTUS
ESTQUIDDETEMALUM
ROGAMUSAUTEMATEAUDI
REQUAESENTIS· NAM

*Abb. 28: Codex aus dem Besitz des Bonifatius
Victor-Codex, italisch, 546/547*

chen des schlichten Volkes kam er dadurch ebenso entgegen wie durch die Verwendung einer Abschrift der Petrusbriefe in Goldbuchstaben, die er zur Unterstreichung des Wertes der Bibel bei der Predigt gezeigt haben mag.[136]

Über den Predigtstil berichtet Willibald: »Was zur Lehre der Völker geschrieben war, das setzte er selbst ihnen mit wunderbarer Beredsamkeit und durch Hinzufügung passender Gleichnisse in nachdrücklicher Predigt auseinander. Dabei wohnte ihm solche feine Mäßigung inne, daß seinem harten Tadel nicht die Milde und seiner Milde nicht die Kraft der Ermahnung fehlte; denn wenn ihn auch kräftiger Eifer aufflammen ließ, so besänftigte doch wieder die Milde seiner Liebe. Deshalb wandte er auch gegen Reiche und Mächtige wie gegen Freie und Knechte ein gleiches Maß von Zucht in der heiligen Ermahnung an, so daß er dadurch weder die Reichen durch Schmeicheleien gewinnen wollte noch die Knechte und Freien durch allzugroße Strenge drückte, sondern nach dem Wort des Apostels jedermann alles ward, auf daß er alle selig mache.«[137] Bei der Einschätzung dieser Skizzierung der bonifatianischen Predigtweise wird man berücksichtigen müssen, daß Willibald den Angelsachsen weder persönlich kennengelernt noch je eine Predigt von ihm gehört hat. Dennoch wird man seinen Worten weitgehend trauen dürfen, denn einerseits wird er von seinem Auftraggeber Lul, der ja über viele Jahre der Begleiter des Bonifatius war, eingehend informiert worden sein, und andererseits ist es nicht unwahrscheinlich, daß unter seinen Schülern schriftlich aufgezeichnete Musterpredigten kursierten.

Der Grundcharakter der Predigt des Bonifatius war der Bußruf, wie sein ausführliches Selbstzeugnis gegenüber Erzbischof Cuthberht von Canterbury aus dem Jahre 747 erhellt: »Der Apostel bezeichnet nämlich den Priester als Bischof, den Prophet als Wächter, den Heiland der Welt als Hirten der Kirche, und alle bestätigen, daß ein Lehrer, der über die Sünden des Volkes schweigt, sich durch sein Stillschweigen schuldig macht am Blut der verlorenen Seelen. Darum zwingt uns schreckliche und höchste Not, daß wir den Gläubigen nach dem Wort des Apostels das Vorbild geben, d.h. wenn mich meine Meinung nicht täuscht, so muß ein Lehrer so gerecht leben, daß er seine Worte nicht durch widersprechende Handlungen entwertet und daß er nicht, indem er in bezug auf eigene Sünde vorsichtig lebt, durch sein Schweigen wegen der Sünde eines anderen verdammt wird. Denn dazu ist er an die Spitze der Kirche gestellt, daß er nicht nur bei einem guten Lebenswandel andere durch sein Beipiel unterweist, sondern auch in freimütiger Rede jedem einzelnen seine Fehler vor Augen stellt und zeigt, welche Strafe die Verstockten, welcher Ruhm die Gehorsamen erwartet ... Jedenfalls verbietet der Herr in seinen Worten an Ezechiel das Schweigen des Priesters mit schrecklichen Worten, und er bezeichnet den

Priester als Wächter, so daß, wie es die Aufgabe eines Wächters ist, von der Höhe aus mehr als alle zu überblikken, so der Priester durch die Erhabenheit seiner Verdienste höher stehen und die Gnade größeren Wissen haben soll, mit dem er andere zu unterrichten vermag.«[138] Nach scharfen Worten gegen die falschen Hirten sagt Bonifatius weiter: »Wir wollen nicht stumme Hunde sein, nicht schweigende Späher, nicht Mietlinge, die vor dem Wolf fliehen, sondern besorgte Hirten, die über die Herde Christi wachen, die dem Großen und dem Kleinen, dem Reichen und dem Armen, jedem Stand und Alter, ob gelegen oder ungelegen jeden Rat Gottes verkünden, soweit uns Gott die Fähigkeit dazu verliehen hat.«[139] Seine Predigt war also für die Heiden ebenso wie für die lauen Christen der innerfränkischen Landeskirche ein harter Bußruf für die Reinheit des Glaubens und der Kirche. Ihnen gegenüber wollte er nicht schweigen, sondern seine Predigt als »Posaune Gottes entgegenschmettern [*cum tuba Dei clangamus*].«[140]

Dieser Predigtweise entsprach auch ein moralisierender Grundzug. Er läßt sich ablesen an den Scholien (kurz gefaßte Erklärungen einzelner Wörter oder Sätze der Bibel) zum Jakobusbrief, die von einem im 8. Jahrhundert in Mitteldeutschland wirkenden Angelsachsen stammen, der vermutlich dem Bonifatiuskreis zuzurechnen ist. Es handelt sich um knappe Worterläuterungen sowie Hinweise zu biblischen Parallelen und zur praktischen Anwendung. Im Vordergrund steht die Missionspflicht, das wahre Heil zu verkündigen. Die Gegenwart ist eine Zeit der Belastung, »aber was hier im Glauben beginnt, das wird in der Zukunft durch das Schauen erfüllt; denn die Kirche hofft auf einen fruchtreichen Sommer nach dem rauen Winter, auf himmlischen Lohn nach der Verfolgung. Dem entspricht es, daß der Verfasser überall vom Glauben zu den Pflichten der Christen forteilt: sie müssen ihre Fehler überwinden, in der Liebe Gottes und des Nächsten nach der Vollendung streben, ihren Lebensweg einrichten Gott gemäß: das ist die Weisheit, um die der Christ . . . Gott bitten soll. Wer im Glauben und in guten Werken sich bewährt, der empfängt das ewige Leben. Das Bekenntnis zu Christus wird stark betont: er ist die ewige Sonne, die Sonne der Gerechtigkeit; er macht sein Volk heil von seinen Sünden und entzündet durch die Glut des heiligen Geistes ein Feuer auf Erden.«[141] So zielen die Scholien auf ein entschiedenes, tatkräftiges Christentum, das der moralischen Vervollkommnung des Volkes dienen soll.

Neben diese Form der Missionspredigt trat die Tatmission, die Zerstörung der heidnischen Kultstätten als Werke der Finsternis. Augenfällig sollte dadurch den Heiden die Schwäche, ja die Nichtigkeit ihrer Götter vorgeführt werden. In der Geschichte der Christianisierung Englands und des Kontinents hat es, beeinflußt durch die kontroversen Missionsinstruktionen Papst Gregors des Großen, sowohl diese Art der Konfrontationsevangelisation wie auch die der mehr oder weniger behutsamen Akkommodation durch Anpassung an heidnische Gebräuche gegeben.[142] Bonifatius folgte offensichtlich der entschiedeneren Variante, indem er sich an das Vorbild seines zeitweiligen Lehrers Willibrord hielt. Denn von ihm berichtete er 753 an Papst Stephan II., er habe in langer Predigertätigkeit das Volk der Friesen größtenteils zum Glauben bekehrt, heidnische Tempel und Kultorte zerstört und Kirchen erbaut.[142] Bonifatius wird öfters nach diesem Prinzip vorgegangen sein, bekannt ist bis heute seine Fällung der Donareiche bei Geismar in Hessen (Abb. 29; vgl. Abb. 25 Nr. 8, S. 109 sowie Kap. IV.B.2.). Damit folgte er nicht den Maßgaben des Bischofs Daniel von Winchester, der ihm 723/724 Ratschläge zur Heidenbekehrung erteilt und empfohlen hatte, die Heiden nicht zu verhöhnen oder herauszufordern, sondern ihnen gelassen und mit großer Selbstbeherrschung ihren Aberglauben vorzuhalten. »Und von Zeit zu Zeit muß man solchen Aberglauben mit unseren, d.h. christlichen Lehren vergleichen und sozusagen nur am Rand streifen, damit die Heiden mehr aus Beschämung als aus Erbitterung erröten wegen solcher unsinnigen Meinungen.«[144] Daniel sprach freilich kaum aus eigener Missionserfahrung, sondern vor dem Hintergrund der gefestigten angelsächsisch-lateinischen Kulturwelt. Wohl deshalb riet er seinem Freund zur Predigt in Form geistiger Auseinandersetzung und meinte, so sei die Verstocktheit der Heiden rasch zu überwinden: »Du sollst nämlich, was die Abstammung ihrer wenn auch falschen Götter anbetrifft, ihnen nicht das Gegenteil entgegensetzen, sondern laß sie, wie es ihrer Meinung entspricht, behaupten, daß etliche voneinander in der Umarmung von Mann und Frau erzeugt sind, um dann zum mindesten zu zeigen, daß Götter und Göttinnen, die wie Menschen geboren sind, eben Menschen und nicht Götter waren, und daß sie, die vorher nicht vorhanden waren, damit erst zu sein angefangen haben.«[145] Erörterungen über die Ursprünge der Götter als Methode zur Bekämpfung des Polytheismus der Stammes-Religionen wird Bonifatius kaum geführt haben. Er mußte in der rauhen Wirklichkeit des Missionsfeldes vielmehr die elementarsten Grundlehren des Christentums darlegen. Hilfreicher waren da Daniels Ratschläge, »Bonifatius möge seinen Hörern den Siegeszug des Christentums zum Bewußtsein bringen; ohne daß die Götter Einhalt zu gebieten vermochten, wurden ihre Heiligtümer zerstört, sind den Christen die reichen und gesegneten Kulturländer zugefallen, blieben die Heiden in hoffnungsloser Minderzahl auf die unwirtlichen Randgebiete beschränkt. Dieses Bewußtsein geistiger und machtmäßiger Überlegenheit des Christentums war lebensnah und von handfester Überzeugungskraft. Mit einer vermutlich mehr instinktiven als durchdachten Sicherheit handelten die Germanenmissionare nach dieser Einsicht, und die demonstrative Zerstörung heidnischer Kultstätten ist ein häufiger Zug der Bekehrungsgeschichte geworden.«[146]

Abb. 29: Bonifatius fällt die Donareiche bei Geismar Wandgemälde von H. M. v. Hess in der Bonifatiusbasilika München, vor 1850

Verglichen mit den Verhältnissen in der innerfränkischen Landeskirche stellte die Predigt des Bonifatius und seiner Mitarbeiter in der Tat einen großen Fortschritt dar. Von daher erscheint es auch berechtigt, wenn Papst Zacharias am 22. Juni 744 in einem Brief Bonifatius in die Reihe der Apostel der frühen Kirche stellt: »Durch die Erleuchtung ihrer [Barnabas und Paulus nach Apg. 13,2; v.P.] Predigt und Lehre blieb und bleibt dank Christi Schutz die katholische Kirche Gottes in ihrem Glanze, weil sie durch ihre Lehren und die des seligen Apostelfürsten Petrus erleuchtet ist. Und ihnen auf dem Fuß zu folgen infolge göttlicher Eingebung, dazu ist nach unserer Meinung Deine heiligste Brüderlichkeit in diesen Gebieten bestimmt, wie ja auch nach ihrem Vorbild derselbe heilige Geist Dich zu demselben Werk auserkoren hat, zur Erleuchtung dieser Völker [*ad inluminationem gentium illarum*].«[147] »Gelobt sei Gott, der will, daß alle Menschen gerettet werden und zur Erkenntnis der Wahrheit kommen« – so schrieb der Priester Wiehtberht nach 732 den Mönchen von Glastonbury im Nordwesten von Wessex über seine Ankunft im hessischen Missionsgebiet.[148] Aus diesem Geist heraus missionierten Bonifatius und seine Helfer in Wort und Tat, »sie waren nicht zunächst Kirchenpolitiker, sondern Verkünder des Evangeliums.«[149]

7. Ethik und Seelsorge

Bei der Missionspredigt ging es neben dem Ruf in den Glauben in besonderer Weise auch um die moralische Besserung der Menschen. Ethische und seelsorgerliche Probleme haben daher Bonifatius in der gesamten Zeit seiner Wirksamkeit beschäftigt. Sie bildeten auch eine gewisse Nahtstelle zwischen seiner Missionsaufgabe und der beabsichtigten Kirchenreform, denn die entsprechende Erziehung der Gläubigen erfolgte erst nach der Taufe. Gerade diese Aufgabe war jedoch im Frankenreich eklatant vernachlässigt worden. Dies nun nachzuholen gehörte zu den Aufgaben, die Papst Gregor II. am 1. Dezember 722 anläßlich der Bischofsweihe dem Bonifatius übertragen hatte: »... damit er ihnen das Wort des Heils verkünde und dadurch zum ewigen Leben verhelfe. Und wenn er erfährt, daß etwa welche irgendwo vom Pfade des rechten Glaubens abgewichen sind oder unter Einwirkung teuflischer List irren, er diese zurechtweise und durch seine Belehrung zum Hafen des Heils zurückbringe und sie gemäß der Lehre dieses apostolischen Stuhles unterweise und anleite, in diesem katholischen Glauben zu verharren.«[150] Die Absicht der ethischen Zurechtweisung stand demnach unter einer doppelten Zielvorgabe: Überwindung der heidnischen Sitten und der in die Kirche eingedrungenen irregeleiteten Gebräuche. Die Christianisierungspraxis des früheren Mittelalters schuf sich gleichsam ihre eigenen Probleme, indem sie die Taufe der Glaubensunterweisung vorordnete und so die Vermischung von heidnischen und christlichen Vorstellungen und Sitten zumindest begünstigte. Natürlich hat Bonifatius niemals an dieser von Rom vorgegebenen, in langer Tradition internalisierten Methode gezweifelt, mit ihren Folgen hatte er jedoch ständig zu kämpfen. In den Briefen und Synodalbeschlüssen seiner Zeit werden sie deutlich.

Zunächst ging es in der Missionssituation um die Abkehr von den heidnischen Göttern. »Rückt ab vom Götzendienst«, so forderte Papst Gregor II. 722 die Altsachsen auf. »Dies sage ich aber, weil das Reich Gottes nahe ist, so daß Euch niemand mehr durch seine hochtrabende Rede verführe, in irgendwelchem Metall Euer Heil zu suchen, indem Ihr von Menschenhand gemachte Bilder anbetet, die aus Gold, Silber, Erz, Stein oder sonst einem Stoff gemacht sind. Solche Truggottheiten wurden von den Heiden ehedem als Götter bezeichnet, aber in ihnen wohnen bekanntlich Dämonen ... Dazu aber ermahne ich Euch, Brüder, wer von Euch sich Christus zuwenden will, den hindert auf keinen Fall und zwingt ihn nicht, Schnitzbilder anzubeten, weil Christus der Herr selbst lebt mit Gott dem allmächtigen Vater in der Einheit des heiligen Geistes in alle Ewigkeit.«[151] Die Missionare hatten neben der Darstellung der Nichtigkeit der heidnischen Götter vor allem die Aufgabe, die mit dem Götzenglauben verbundenen Handlungsweisen zu bekämpfen. So forderte der Papst 724 die Thüringer auf: »Laßt nun ab von bösen Werken und handelt richtig. Betet keine Götzenbilder an und opfert kein Fleisch, weil Gott solches nicht annimmt, sondern in allem Euren Tun richtet Euch nach dem, was unser Bruder Bonifatius Euch lehrt, so werdet Ihr und Eure Kinder in Ewigkeit gerettet sein.«[152] Der eigentliche Übertritt zum Christentum ging wohl ohne größere Krisen vonstatten. Da er jedoch nur formal vollzogen wurde, war es weitaus schwieriger, die eingeschliffenen heidnischen Handlungsweisen abzutun. So hatten einige Gläubige offensichtlich keine ethischen Bedenken, »ihre Sklaven an die Heiden zur Opferung (zu) verkaufen«.[153] Das Individuum hatte in jener Zeit einen nur geringen Stellenwert, deshalb gehörte es zu den seelsorgerlichen Aufgaben der Missionare, die Achtung vor dem Leben des Einzelnen zu vermitteln. Ebenso schwierig war es, den auf sinnliche Erfahrung drängenden Glauben der Neubekehrten auf eine höhere geistliche Ebene zu heben. Okkultismus in jedweder Form hielt sich lange. Deshalb forderte Papst Gregor III. 738 Hessen und Thüringer auf: »Ihr aber, Teuerste, die Ihr auf Christi Namen getauft seid und Christus angezogen habt, laßt ab und haltet Euch fern von jedem heidnischen Götzendienst, indem Ihr nicht nur Euch selbst, Teuerste, bessert, sondern auch Eure Untergebenen. Wahrsager und Losdeuter, Opfer für Tote an Hainen und Quellen, Vorzeichen, Amulette, Beschwörer, Zauberer, d.h. Behexer, und gotteslästerliche Gebräuche, wie sie in Eurem Lande vorzukommen pflegen, weist zurück, lehnt sie ab und wendet Euch mit allem Trachten Eures Herzens zu Gott.«[154]

Wie notwendig solche Ermahnungen waren, zeigt ein Verzeichnis abergläubischer und heidnischer Bräuche, in dem u.a. aufgeführt werden: Gotteslästerung an den Gräbern von Toten; Heiligtümer der Wälder; Opferquellen; Zaubersprüche; Zeichendeutungen aus Vögeln, Pferden, Rindermist und Niesen; Wahrsagerei; Wettermachen; Götzenbilder aus Mehlteig und manch andere.[155] Gegen solche Praktiken stellte der Papst allein die Verehrung Gottes: »Ihn fürchtet, ihn betet an, ihn ehrt und teilt diese Verehrung nur mit dem Gedächtnis der Heiligen.«[156] Die Reliquien, die Bonifatius und seine Gefährten mit sich führten und die sie in den Altären der Kirchen deponierten, waren eine Art Zugeständnis an die sinnlichen Bedürfnisse des wundergläubigen Volkes, weshalb sich in ihrer Verehrung dann auch weiterhin ein kräftiges heidnisches Element in der Kirche halten konnte.

Besondere Probleme bereiteten auch falsche und gotteslästerliche Priester, die beispielsweise »Stiere und Böcke den Heidengöttern opferten, wobei sei davon aßen, die Totenopfer veranstalteten und ihr Amt befleckten und selbst als Ehebrecher befunden wurden«.[157] Sie unterstützten die synkretistischen Neigungen des Volkes und erschwerten die seelsorgerlichen Bemühungen der Angelsachsen. In bitteren Worten beklagte sich Bonifatius 742 in einem Brief an Papst Zacharias über die ethische Verwilderung selbst in der Kirche: »Wenn ich unter diesen sogenannten Diakonen Leute finde, die seit ihrer Kindheit immer in Unzucht, immer in Ehebruch und immer in allerlei Unflätigkeiten gelebt haben ... und jetzt im Diakonat vier oder fünf oder noch mehr Beischläferinnen im Bett haben und dennoch sich nicht schämen oder fürchten, das Evangelium zu verlesen und sich Diakone zu nennen, wenn sie dann in solcher Unzucht zur Priesterweihe gelangen und dann in den gleichen Sünden weitermachen und eine Sünde an die andere reihen und behaupten, daß sie in Erfüllung ihres priesterlichen Amtes für ihre Gemeinde Fürbitte einlegen und das heilige Opfer darbringen können, wenn sie endlich, was das schlimmste ist, mit solchen Zeugnissen die einzelnen Weihegrade durchlaufen und zu Bischöfen geweiht werden und diesen Namen führen, dann will ich eine Anweisung und Entscheidung von Eurer Machtfülle haben, was Ihr über solche bestimmt ... Auch findet man unter ihnen einige Bischöfe, die zwar sagen, sie seien keine Hurer und Ehebrecher, die aber trunk- und streitsüchtig sind und eifrige Jäger und die bewaffnet im Heer kämpfen und eigenhändig Menschenblut von Heiden und Christen vergossen haben.«[158] Diese Klage des Bonifatius beleuchtet eindringlich den Zustand der innerfränkischen Kirche, den zu bessern er sich anschickte. Demgegenüber war es harmlos, wenn die römische Synode von 743 bestimmte: »Wenn ein Kleriker oder Mönch es wagt, die Haare lang und offen zu tragen, der sei verflucht.«[159]

Die Konfrontation heidnischer und christlicher Gebräuche ist typisch für jede Missionssituation. Zu Zeiten des Bonifatius kam erschwerend die bedrückende Haltung der fränkischen Landeskirche hinzu. Aus diesen Gründen werden die Predigten und Visitationen des Erzbischofes zu einem großen Teil der Förderung ethischer Einsicht gedient haben. Oft genug war er sich dabei selbst nicht über den rechten Weg im klaren, so daß er immer wieder entsprechende Anfragen an Rom richtete. Die Antworten werfen ein Schlaglicht auf die seelsorgerlichen Bemühungen der Missionare. 726 etwa schrieb Papst Gregor II. an Bonifatius: »Wenn Du weiter die Frage gestellt hast: Wenn eine Frau wegen Erkrankung ihre eheliche Pflicht nicht erfüllen könne, was ihr Gatte tun solle, so wäre es gut, wenn er dabei verbliebe und sich also der Enthaltsamkeit befleißigte. Aber weil das nur ein großer Mann vermag, so soll, wer sich nicht beherrschen kann, lieber heiraten. Doch soll er den Lebensunterhalt ihr nicht entziehen, wenn nur Krankheit der Hinderungsgrund ist und nicht etwa ein verdammenswertes Verschulden es unmöglich macht.«[160] Zwar wurde diese weitherzige Regelung später wieder aufgehoben, sie konkretisiert aber, mit welchen ethischen Problemen Bonifatius zu kämpfen hatte. Auf eine andere Anfrage antwortete Papst Gregor III. 732: »Was aber diejenigen betrifft, welche Vater, Mutter, Bruder oder Schwester getötet haben, so erklären wir, daß keiner während der ganzen Zeit seines Lebens den Leib des Herrn empfangen darf außer am Ende seiner Zeit als Wegzehrung. Er soll sich des Fleischessens und des Weintrinkens enthalten, solange er lebt. Er soll am zweiten, vierten und sechsten Tag der Woche fasten und so unter Tränen das begangene Verbrechen sühnen können.«[161] Auch für andere Vergehen wurden von der Kirche genaue Bußvorschriften erlassen und im Laufe der Zeit immer detaillierter ausgestaltet, so daß man schließlich genau wußte, welche kirchliche Strafe man für welche Sünde zu erwarten hatte. Das Bedenkliche dieses Bußverfahrens ist jedoch, daß wie bei einem Vertragsverhältnis die durch die einzelne Tat gestörte Ordnung zwar wiederhergestellt wurde, man somit aber nicht das tiefer liegende Problem der Sündhaftigkeit des Menschen anging. Denn die Gläubigen meinten, mit der Abgeltung der Bußvorschrift das Ihre getan zu haben.

Daß Bonifatius sich auch um profanere Dinge sorgte, zeigt sein Brief an Bischof Cuthberht aus dem Jahre 747, dem er in geradezu polternder Weise empfahl: »Die unnötige und gottverhaßte Narrheit in der Kleidung trachte mit allem Nachdruck zu verhindern. Denn dieser Zierat an den Kleidern – so erscheint ihnen das, was von anderen als Schändlichkeit bezeichnet wird –, die übermäßig breiten Purpurstreifen an den Säumen, eilen der Ankunft des Antichrists voraus und sind von diesem überbracht; dank seiner Schlauheit führt er durch seine Diener in die Zellen der Klöster die Unzucht ein und die Üppigkeit der jungen Leute in ihren reichgesäumten Kleidern, ihre schändlichen Unterhaltungen, ihren Widerwillen gegen Schriftlesung und Gebet und damit das Verderben ihrer Seelen. Diese die Nacktheit der Seele ankündigenden Kleidungsstücke tragen an sich die Zeichen der Hoffart und Überheblichkeit, der Üppigkeit und Eitelkeit . . . Es ist auch die Rede davon, daß in Euren Sprengeln das Laster der Trunkenheit allzusehr zur Gewohnheit geworden sei, so daß manche Bischöfe, statt es zu verbieten, sich selbst durch allzureichliches Trinken berauschen und andere durch Darreichung größerer Trinkgefäße zwingen, sich zu berauschen. Es ist unzweifelhaft für einen Diener Gottes eine Sünde, so etwas zu tun oder getan zu haben.«[162]

Ziel der seelsorgerlichen Bemühungen des Bonifatius war nach diesen Quellenbelegen die ethische Vervollkommnung der Neubekehrten. Dies stellte gewissermaßen den ersten Schritt in ihrer kirchlichen Unterweisung dar, denn die ethischen Leitlinien des Evangeliums waren ihnen bei ihrer Taufe kaum bekannt. Heidnische Sitten und irregeleitete Gebräuche waren jedoch so stark, daß Bonifatius immer wieder ermahnen mußte und, zumindest nach Ausweis seiner Briefe, kaum dazu gelangte, die positiven Aspekte der christlichen Heiligung nach dem Neuen Testament und die gnadenvolle Fürsorge Gottes für die Seinen herauszuheben. Andererseits drängen sich Probleme immer in den Vordergrund, so daß die Überlieferung mehr über sie denn über das Erfreuliche berichten mag. Solches hat es gewiß zu Zeiten des Bonifatius auch gegeben, und er wird eindringlich von der Liebe Gottes gepredigt haben. Vielleicht hat er dabei illustrierte Bibelteile benutzt wie den Utrecht-Psalter, der um 830 in Reims erstellt wurde, aber auf ältere Vorlagen zurückgeht. Die temperamentvollen und lebendigen Federzeichnungen (Abb. 30 zeigt den von David gedichteten Ps. 23; in der Handschrift ist er als Ps. 22 gezählt, weil Ps. 9 und 10 zu jener Zeit als ein Psalm angesehen wurden) waren gewiß gut geeignet, um der Predigt Anschaulichkeit und Bilderreichtum zu verleihen.

Insgesamt betrachtet ging es bei den Bemühungen des Bonifatius um das, was Papst Zacharias Geistlichen wie Laien im Frankenreich ans Herz legte, als er sie 745 aufforderte, dem Erzbischof auf dem Weg der Reformen zu folgen: »Wenn Ihr Euch ihm in allem gehorsam erweist, wird kein Volk vor Euren Angesicht bestehen, sondern alle heidnischen Völker werden vor Euren Augen zusammenbrechen und Ihr werdet die Sieger sein, darüber hinaus werdet Ihr auch durch rechtes Handeln das ewige Leben gewinnen.«[163]

8. Rückhalt bei der Staatsmacht

Die Königtümer des früheren Mittelalters waren geprägt von einem theokratischen Amtsverständnis. Die heidnischen Fürsten und Könige leiteten ihre Legitimation mittels bestimmter Genealogien von der Geblütsheiligkeit ihrer Familie ab. »Die Überreste und Spuren der Abstammungstheologien (*carmina antiqua*) und der auf ihnen be-

Abb. 30: Psalm 23 (22) von David
Utrecht-Psalter aus Reims, um 830

ruhenden besonderen Verbands-Kulte vermitteln uns wenigstens eine Ahnung davon, in welchem Ausmaß die Religion auch im Norden bereits vor der Christianisierung ein sozialer Faktor und ein wesentliches Element ethnischen und staatlichen Zusammengehörigkeitsgefühls gewesen ist, und erhellen, wie Stammesbewußtsein in den Altformen jenes Daseins ohne Glaubensüberlieferung nicht zu denken gewesen ist, da die rechte Stammesverfassung auf die Huld der Götter angewiesen war, daß politische Verbände zugleich auch immer religiöse sein wollten. Diese Grundtatsache des sozialen Lebens in Alteuropa, diese Wechselbeziehung von Sozialstruktur und Sakralkultur erleichterte daher schließlich die Annahme und Ausbreitung der viel reicheren und geistigeren Welt der christlichen Buchreligion gerade in einem Zeitalter neuer Großmachtbildungen.«[164]

Bei den christlichen Königen verband sich dieser Traditionsstrang der heidnischen Geblütsheiligkeit mit dem der lateinischen Reichstheologie als Echo auf Konstantin den Großen (ca. 285-337) als Typus des geistlichen Herrschers. Daraus entstand der Gedanke des Sakralkönigtums und des Gottesgnadentums, ließen sich doch die frühmittelalterlichen Könige von der Idee des *rex et sacerdos* leiten.[165] In ihrem Herrschaftsgebiet wußten sie sich nicht nur verantwortlich für den politischen Bereich, sondern sahen die Verteidigung der Kirche (*defensio ecclesiae*) und die Ausbreitung des Glaubens (*dilatatio fidei*) als genuine Herrscheraufgaben an. Im Verständnis der Zeit konnte sich dies bis zu der Vorstellung vom heiligen König verdichten, wie das Beispiel der Krönung König Knuts von England, Dänemark und Norwegen (um 1000-1035, König seit 1014/1016, 1018 und 1028) durch einen Engel konkretisiert (Abb. 31). Es liegt nahe, daß die diesem theokratischen Amtsverständnis folgenden Herrscher auch ein ganz spezifisches Verhältnis zu Mission und Kirche hatten. Die Kirche in ihrem Herrschaftsgebiet verstanden sie als Landes-

Abb. 31: Ein Engel krönt König Knut

kirche, ein Rechtsgebilde weitgehend autarker Art, über das sie beherrschende Dominanz ausübten. Gemäß der *rex et sacerdos*-Idee, die ja nicht die direkte Verbindung von politischer und kirchlicher Leitungsgewalt bedeutete, lag ihnen viel an der engen Zusammenarbeit mit dem Erzbischof des Landes. Zwar wurde dieser seit Papst Gregor dem Großen von Rom eingesetzt, entscheidender war jedoch die Zustimmung des Königs. Durch die faktische Überordnung des Königs über den Erzbischof hatte dieser den Zugriff auf Bischofsernennungen und Synoden und vollendete dadurch das landes- bzw. reichskirchliche System. Beide Kräfte konnten dann bei der Mission zusammenarbeiten: Der König sorgte durch politische Maßnahmen für die Möglichkeit der Ausbreitung der Kirche. Kam es zu Bekehrungen und zu einer Kirchenorganisation, so wurden die neu gegründeten Bistümer wie selbstverständlich dem landeseigenen Erzbistum eingegliedert.[166] Als weiterer stabilisierender Faktor dieses ausgeklügelten Systems kam die erforderliche Zustimmung des Papstes hinzu, der ja durch politisch wie geistlich motivierte Bündnisse darin integriert war.

Diese Vorstellungen bilden den Hintergrund für das ständige Bemühen des Bonifatius um gutes Einvernehmen mit den fränkischen Herrschern. Die Notwendigkeit dieses Vorgehens hatte er in England unter Aldhelm und auch bei dem ersten Versuch der Friesenmission bereits gelernt. Aus dem gleichen Grund schickte der Papst mehrfach Empfehlungsschreiben für Bonifatius an die fränkischen Großen und dieser ersuchte etwa Karl Martell um Zustimmung für seine Missionspläne (vgl. Kap. IV.B.2.). Von daher entsprach es voll und ganz der Realität, wenn Papst Gregor III. nach Karl Martells Sachsenzug 738 an Bonifatius schrieb, daß »durch Dein und des Frankenfürsten Karl Bemühen an die hunderttausend Seelen« der Kirche zugeführt worden seien.[167] Ähnlich reagierte Papst Zacharias 744 auf eine entsprechende Anzeige des Erzbischofs: »Du hast uns weiter bekanntgemacht, wie und in welchem Grade Gott die Herzen unserer erlauchtesten Söhne Pippin und Karlmann angerührt hat, daß sie durch Gottes Eingebung sich bemühen, Dir bei Deiner Verkündigung Genossen und Helfer zu sein. Sie erwartet reicher Lohn im Himmel, denn gesegnet ist der Mensch, durch den Gott gesegnet wird.«[168] Auch die Reform der innerfränkischen Landeskirche und die Einberufung von Synoden war ohne den Herrscher nicht denkbar (vgl. Kap. IV.C.2.). Papst Zacharias ging daher wie selbstverständlich von der kirchlichen Zusammenarbeit der Franken mit dem Erzbischof aus: »Wenn Ihr findet, daß sie [gotteslästerliche Bischöfe; v.P.] immer noch vom Pfad der Wahrheit abweichen, und wenn nachgewiesen ist, daß sie geneigt sind, auf den rechten Weg zurückzukehren, dann bestimmt zusammen mit dem Fürsten der Provinz nach den Vorschriften der heiligen Kirchensatzungen so, wie es in Euren Augen gut und gefällig erscheint.«[169]

Insgesamt betrachtet hatte Bonifatius also gar keine andere Möglichkeit, als mit den jeweiligen Landesherrschern zusammenzuarbeiten: »Ohne den Schutz des Frankenfürsten kann ich weder das Volk der Kirche leiten noch die Priester und Geistlichen, die Mönche und die Mägde Gottes beschirmen noch ohne seinen Auftrag und die Furcht vor ihm heidnische Bräuche und die Greuel des Götzendienstes in Germanien verhindern.«[170] Mag hier auch ein leicht resignativer Ton mitschwingen, so wäre es doch falsch, von einer Überordnung der Weltmacht über die Kirche zu sprechen. Das theokratische Amtsverständnis der Könige in jener Zeit ließ, wie im frühen Mittelalter überhaupt, eine Trennung der beiden Bereiche nicht zu. Eine andere Frage freilich ist, wieweit die Herrscher bereit waren, ihre Lebensnormen von der Kirche in Frage stellen bzw. formen zu lassen. Die Ordnungsstrukturen des Sozialgefüges waren durch die Christianisierung nicht eigentlich verändert worden und der prekäre Zustand der innerfränkischen Landeskirche im frühen 8. Jahrhundert ist geradezu ein Indikator für das Fortbestehen der herkömmlichen Denkweisen und den Mangel an ethischer Veränderung. Auch hier wirkte sich die frühmittelalterliche Taufpraxis aus. Der Glaubenswechsel als Vertragsveränderung zog nämlich eine andere Gottesvorstellung nach sich. Es war »eben nicht der Gott des Neuen Testamentes und damit der Bergpredigt, sondern der Gott einer adligen Vorstellungswelt, in der die Ehre triumphiert und Ehrkränkung in der selbstverständlichsten Weise Rache nach sich zieht. Nicht der Gott der Bergpredigt hatte die Menschen verändert, sondern die Menschen hatten ihn modifiziert nach ihrem Bilde; sie bestätigten sich, ihre gesellschaftliche Struktur, ihren Selbstwert und deren Bedürfnisse an ihm. Man wird daher jeweils genau zu prüfen haben, was man mit dem Begriffe des Christentums meint und in welchem Grade er anwendbar ist, wenn man ihn an seinen jeweiligen gesellschaftlichen Verwirklichungen mißt.«[171] Bonifatius scheinen diese Zusammenhänge bewußt gewesen zu sein, allein er war auf die Zusammenarbeit mit den Herrschern angewiesen und hatte kaum Möglichkeiten, ihnen ins Gewissen zu reden.

9. Kirchenorganisation

Die zentralen Aufgaben des Bonifatius und seiner Mitarbeiter neben der Heidenmission waren der Aufbau einer Kirchenorganisation in den christianisierten Randgebieten des Frankenreiches und die Reform der innerfränkischen Landeskirche. Die Errichtung von neuen Bistümern, jeweils auch mit Unterstützung des Landesherren, war dabei noch leichter zu bewerkstelligen als die Wiederherstellung der kanonischen Ordnung innerhalb der etablierten Kirche. Dieser Zielsetzung entsprechend bedeutete Papst Gregor III. 739 seinem Erzbischof: »Du wirst keine Erlaubnis bekommen, Bruder, wegen der begonnen Arbeit an einem Ort zu verweilen. Vielmehr sollst Du die Herzen der Brüder und aller Gläubigen bestärken, die noch nicht gefestigt sind in diesen Gegenden des Abendlandes. Wo Dir der Herr einen Weg zum Heil bahnt, da steh nicht ab vom Predigen. Und wo Du einen Ort findest, da es nötig ist, da weihe nach der kanonischen Ordnung Bischöfe in unserer Vertretung und unterweise sie darin, daß sie an der apostolischen und kanonischen Überlieferung festhalten.«[172] In ähnlicher Weise ordnete Papst Zacharias 744 an: »Die ganze Provinz Gallien sollst Du an unserer Statt, solange Gottes Erhabenheit Dich am Leben läßt, vermöge des Dir übertragenen Predigtamtes, wo immer Du etwas siehst, was gegen die christliche Religion und gegen die Anordnungen der Satzungen verstößt, auf geistlichem Wege auf den richtigen Weg zurückführen.«[173]

Über die eigentliche Organisation der Kirche vor allem im Parochialbereich finden sich in den Quellen nur verstreute Hinweise. Bonifatius war in erster Linie damit befaßt, einen Priesterstand nach der kanonischen Ordnung aufzubauen. Im Einvernehmen mit Rom erforderte dies zunächst die Entlassung unrechtmäßiger oder unehrenhafter Kleriker.[174] 748 schrieb Papst Zacharias darüber an einige fränkische Große: »Auch dazu ermahne ich Eure Christlichkeit, daß nach den Geboten der heiligen Kirchensatzungen auch für die von Euch gegründeten Kirchen kein von anderswoher gekommener Priester angenommen werden soll, er wäre denn vom Bischof Eurer Kirche geweiht oder er würde von ihm auf Grund eines Empfehlungsschreibens angenommen. Denn viele sind sich selbst Lügner, vielfach Hörige eines Herrn, dem sie entflohen sind, und nun stellen sie sich ihren Herren als geweihte Priester vor und sind doch Diener des Teufels statt Gottes.«[175] Auch die Eigenkirchen der Grundherren sollten demnach unter der kanonischen Aufsicht des zuständigen Bischofs stehen. Einerseits wollte man dadurch Wanderprediger etwa aus der iroschottischen Kirche ausschließen, um die Bindung der Kirche an Rom zu festigen, andererseits den geistlichen Stand überhaupt verbessern. In dem Formular, das Bonifatius am 1. Dezember 722 anläßlich seiner Bischofsweihe in Rom übergeben wurde, heißt es daher: Wir haben ihm den Auftrag gegeben, »niemals unerlaubte Weihen vorzunehmen, keinen zur heiligen Weihe zuzulassen, der in Doppelehe lebt oder nicht eine Jungfrau geheiratet hat, keinen, der nicht lesen und schreiben kann oder an irgendeinem Körperteil gebrechlich ist, keinen, der einer Kirchenbuße unterlag oder dem Hofdienst oder sonstwie verpflichtet und gezeichnet ist, vielmehr, wenn er etwa welche dieser Art antrifft, soll er nicht wagen, sie zu befördern.«[176] Weihen zum Priester oder zum Bischof hatten grundsätzlich nach den kirchlichen Satzungen stattzufinden, von denen Bonifatius Abschriften besessen haben dürfte.[177]

Natürlich galten diese kanonischen Vorschriften auch für die Pflichten der Kleriker. Amtsvorschriften bestanden etwa für die Handhabung der Taufe: »Das Sakrament der heiligen Taufe darf . . . nur am Osterfest und an Pfingsten gespendet werden, ausgenommen Personen in Todesgefahr.«[178] In der Missionssituation wird sich Bonifatius allerdings kaum danach gerichtet haben; die Terminfestlegung dürfte daher vor allem für die Bestätigung der Taufe durch die postbaptismale Salbung (Firmung), die nur der Bischof vornehmen konnte, Gültigkeit haben. Auch über die Verwendung der Kircheneinkünfte gab es genaue Vorschriften. Den Zehnten, dessen Einforderung sich in der Kirche des Westens spätestens seit der zweiten Hälfte des 5. Jahrhunderts durchgesetzt hatte, sollte der jeweilige Bischof aufteilen: »Aus den Einkünften der Kirche und den Opfergaben der Gläubigen soll er vier Teile machen: einen davon soll er für sich behalten, den zweiten unter die Geistlichen verteilen entsprechend ihrem Eifer in der Erfüllung ihrer Pflichten, den dritten für die Armen und Fremden, den vierten soll er für kirchliche Bauarbeiten zurücklegen.«[179]Auffällig an dieser Ordnung ist die hohe

Stellung des Bischofs und die leistungsbezogene Entlohnung der Parochialpriester. In die soziale Versorgung der Kleriker wurden auch die Landesherren einbezogen. So forderte etwa Papst Gregor II. 724 die Thüringer auf: »Bauet daher auch ein Haus, wo er, Euer Vater, der Bischof, wohnen soll, und Kirchen, um darin zu beten, damit Gott Eure Sünden verzeihe und Euch das ewige Leben schenke.«[180]

Die Bemühungen des Bonifatius um die Organisation und Reform der Kirche nach kanonischen Vorschriften waren meist nur dann von Erfolg gekrönt, wenn es zu einer Zusammenarbeit mit den politischen Mächten kommen konnte. Im Verein mit ihnen gelangen freilich beachtliche Erneuerungen, die dann nach der Ablösung der Angelsachsen durch einheimische Kräfte wirkliche Früchte tragen sollten. Von daher ist es auch nicht ganz berechtigt, wenn Bonifatius 747 Erzbischof Cuthberht von Canterbury gegenüber klagte: »Vielmehr scheint leider beim Vergleich der Dinge die Arbeit, die ich leiste, am meisten Ähnlichkeit zu haben mit einem Hund, der bellt und sieht, wie Diebe und Räuber das Haus seines Herrn aufbrechen und untergraben und verwüsten, aber weil er keine Helfer zur Verteidigung hat, nur knurrend wimmert und jammert.«[181]

10. Verbundenheit mit dem Papst

Die angelsächsische Kirche »war eine romverbundene Landeskirche, und diesem historischen Eigencharakter sollte der Impuls zur kirchlichen Integration des Abendlandes entspringen.«[182] Dieser Kirche entstammten Bonifatius und seine Gefährten, »sie kamen als Missionare; aber bei ihrem Wirken suchten sie überall die Gemeinschaft mit Rom zu bewahren, wie sie von der Heimat her gewohnt waren.«[183] Diese Romverbundenheit des Bonifatius darf man ihm nicht aus der Retrospektive der konfessionellen Spaltung der Neuzeit zum Vorwurf machen. Gerade angesichts der oft eigenmächtigen Verhaltensweisen der innerfränkischen Bischöfe war es nur zu verständlich, daß der Angelsachse sich an den Papst anlehnte und durch dessen Autorität die eigene zu legitimieren versuchte. Überdies war für die Angelsachsen der Idealtypus eines Papstes Gregor der Große, der ihnen durch seine Missionsaktivitäten das Christentum gebracht hatte. Nicht römischer Zentralismus, sondern der gemeinsame benediktinische Geist verband Bonifatius mit den Päpsten seiner Zeit, die er in der Tradition Gregors sah. Ihn betrachtete er als Heiligen, so wie es auf einer Illustration des Fragmentes eines *Registrum Gregorii* dargestellt ist, das auf Veranlassung von Erzbischof Egbert von Trier (Erzbischof 977-993) um 983 für den Trierer Dom hergestellt worden ist (Abb. 32). Sie zeigt den von der Taube des Heiligen Geistes inspirierten Gregor, der seinem Diakon Petrus diktiert. Petrus hat mit dem Schreibgriffel ein Loch in den Vorhang gebohrt, der ihn von dem Papst trennt, und kann so den Inspirationsvorgang beobachten. Nicht zuletzt dieser hohen Einschätzung Papst Gregors wegen wird Bonifatius sich darum bemüht haben, in den Besitz von Abschriften einiger seiner Briefe zu gelangen.[184]

Diese Zusammenhänge erklären, warum Bonifatius nicht nur während seiner drei Romreisen, sondern auch sonst durch Boten und Briefe sich ständig mit dem Papst austauschte. Alle Probleme und Fragen der Mission wie der Kirchenorganisation wurden daher in engstem Einvernehmen mit Rom behandelt. Darüber hinaus verschafften ihm die Päpste durch ihre Empfehlungsschreiben auch bei den weltlichen Großen zu verstärkter Autorität.

Daraus entwickelte sich allerdings ein so starkes Abhängigkeitsverhältnis, daß Bonifatius sich bald wegen jeder Kleinigkeit an Rom wandte und Wegweisung erbat. So fragte er etwa, ob es gestattet sei, das Fleisch von Wildpferden und Hauspferden zu essen, was der Papst als unrein

Abb. 32: Papst Gregor der Große
Fragment eines Registrum Gregorii aus Trier, um 983

und abscheulich verbot.[185] Ebenso untersagte er auf Anfrage das Verspeisen von Dohlen, Krähen, Störchen, Bibern und Hasen.[186] Wegen eines anderen Speiseproblems schrieb Papst Zacharias an Bonifatius: »Nun hast Du auch die Frage gestellt, nach wieviel Zeit man Speck essen soll. Uns ist dafür von den Vätern keine Weisung gegeben. Wir geben Dir aber auf Deine Bitte den Rat, daß es sich nicht geziemt ihn zu essen, bevor er über dem Rauch getrocknet oder auf dem Feuer gekocht worden ist; hat man aber Lust, ihn ungekocht zu essen, soll man das erst nach dem Osterfest tun.« In dem gleichen Brief instruiert der Papst ihn ferner: »Du hast uns auch darum gebeten, heiligster Bruder, wir möchten Deiner Heiligkeit angeben, an wie vielen Stellen bei der Feier des heiligen Meßopfers Kreuze gemacht werden sollen. Indem wir aber Deinem Wunsche in Gnaden entsprechen wollen, haben wir auf einer Rolle, die wir Deinem frommen Priester, dem genannten Lul, ausgehändigt haben, an den betreffenden Stellen das Zeichen des heiligen Kreuzes angebracht, sooft es gemacht werden soll.«[187] Auf die Frage nach dem Meßopfer für Verstorbene antwortete Papst Gregor III.: »Wegen der Verstorbenen hast Du gefragt, ob man Opfer darbringen dürfe. Die heilige Kirche hält es damit so, daß jeder für seine Toten, wenn sie wahre Christen waren, Opfer darbringt und der Priester ihrer gedenkt. Und obgleich wir alle den Sünden unterliegen, gehört es sich doch, daß der Priester nur der katholischen Toten gedenkt und für sie betet, aber für die Unfrommen, auch wenn sie Christen waren, wird er so etwas nicht tun dürfen.«[188]

Diese Romorientierung war es auch, die die aufstrebende Hegemonialmacht des Westens mit dem traditionsreichen Papsttum für viele Jahrhunderte verbunden hat. So erfüllte der Angelsachse in der Tat das, was er 752 dem neuen Papst Stephan II. zur Begrüßung schrieb: »An die Milde Euer Heiligkeit richte ich nachdrücklich die inständigste und herzlichste Bitte, daß ich das enge Verhältnis und die Einheit mit dem apostolischen Stuhl von der Gnade Eurer Huld zu erlangen und zu behalten gewürdigt werde und in meiner Stellung als Schüler Eurer Frömmigkeit im Dienste des apostolischen Stuhles Euer getreuer und ergebener Knecht bleiben kann.«[189]

V. Die Bedeutung des Bonifatius für das christliche Europa

Hrabanus Maurus, der im 9. Jahrhundert als Abt die Bonifatius-Gründung Fulda zum geistigen Zentrum des karolingischen Reiches führte und später zum Erzbischof von Mainz aufstieg, sah Bonifatius in der unmittelbaren Verwandtschaft der Apostel: Als Missionar und Bildungsvermittler ordnete er ihn der *Germania* so zu wie die *Asia* dem Jakobus (gest. 62), *Ausonia*, also Italien, dem Petrus, *Ephesus* dem Johannes (gest. nach 100) und *Africa* dem Cyprian (200/210-258).[190] Dieser hohen Wertschätzung entsprach es, daß die Angelsachsen ihren Landsmann unmittelbar nach seinem Märtyrertode zum besonderen Patron der Insel neben Papst Gregor dem Großen und dessen Missionar Augustin erwählten. Sicher war Bonifatius »eine Apostelnatur in der vollen Kraft des Wortes, und sein Andenken ist über die Zeiten hinweg lebendig geblieben.«[191]

Im Kultleben und der Frömmigkeit des Mittelalters nahm er allerdings keineswegs eine beherrschende Stellung ein, und die Ehrenbezeichnung *Apostel der Deutschen* kam erst im 12. Jahrhundert auf. Der 5. Juni als Gedenktag des Märtyrers, der doch wie kein anderer seiner Zeit sich für den Dienst an der Universalkirche verzehrt hatte, war lange Zeit ein Partikularfest deutscher Kirchen. Erst der zu neuem Schwung sich erhebende Katholizismus des Barockzeitalters und vor allem des 19. Jahrhunderts besann sich intensiver auf Bonifatius. 1874 schrieb Papst Pius IX. (1792-1878, Papst seit 1846) seinen Festtag als Feier für die ganze Kirche vor, allerdings erst nach mehrfach wiederholten Petitionen aus Deutschland. Zuvor war 1849 der Bonifatiusverein in Regensburg gegründet worden, der die Katholiken in der Diaspora unterstützen sollte. Dies alles geschah freilich unter Bezug auf die konfessionellen Streitigkeiten des 19. Jahrhunderts, so daß man im Kulturkampf Bonifatius durch die konfessionelle Brille betrachtete und die einen ihn als Begründer, die anderen als Zerstörer der deutschen Kirche ansahen. Auch die Wiederentdeckung des Ehrentitels *Apostel der Deutschen*, verbunden mit verstärkter wissenschaftlicher Forschung, stand eher unter dem Zeichen der nationalen Impulse der Zeit. Dem Historiker ist klar, daß solche Zuweisungen an der Wirklichkeit des früheren Mittelalters vorbeigehen und mehr darauf zielen, den Missionar in die gegenwärtigen Auseinandersetzungen einzuspannen. Demgegenüber ist es erforderlich, Bonifatius frei von irgendwelchen Beziehungen zu späteren Phasen der nationalen Geschichte zu würdigen. Er gehörte einer Zeit an, auf die der Begriff ›Deutschland‹ noch gar nicht anwendbar ist, einer Zeit, deren charakteristische Eigenart das Zusammenspiel von Staat und Kirche und eben nicht deren Widerstreit war. »Um des Bonifatius Persönlichkeit historisch zu erfassen, müssen wir ihn aus den Voraussetzungen, der Umwelt seines 8. Jahrhunderts heraus verstehen: er hat die geschichtliche Aufgabe seines Zeitalters gefühlt, angepackt und der Lösung nahe gebracht, näher, als er selber ahnte. Aber wir müssen auch den ganzen Menschen in seiner Geschlossenheit sehen: der Heidenprediger, der Bistums- und Klostergründer, der Märtyrer ist nicht zu lösen von dem autoritätsgläubigen, scheinbar schwunglosen, ängstlich-kleinlichen, unselbständigen, ja engherzigen Repräsentanten der römischen Amtskirche.« Deshalb »gilt es, ein Gespür zu gewinnen für den unpathetischen Heroismus dieses Mönches, der sich verzehrte an der selbstgewählten Aufgabe im Weinberge des Herrn. Diesen ganzen Menschen brauchte das fränkische 8. Jahrhundert, dem eine ordnende Hand, ein strenges amtskirchliches System not tat, wenn es Fundamente legen, ein Gerüst zimmern wollte.«[192]

Kann man also sagen, Bonifatius sei »der geistige Vater

sogar Europas«?[193] Viele Bildzeugnisse späterer Zeiten scheinen ihn in dieser Position zu sehen, wenn sie ihn als Heiligen rühmen, der gar von Engeln angebetet wird. Ein Beispiel dafür ist die Grabplatte, die 1357 in einer Seitenkapelle der Mainzer St. Johanniskirche über das Grab der Eingeweide des Angelsachsen gelegt wurde und sich seit 1823 im Mainzer Dom befindet (Abb. 33). Gewiß verbindet sich in dieser Wertschätzung der Name des Bonifatius auch mit der Grundlegung Europas, aber gleichwohl liegt darüber ein Schatten. Denn er »steht am Anfang jenes Dreivierteljahrtausends, das wir Mittelalter nennen. Es ist ein weiter Weg, in dessen Verlauf wir die Reinheit des Christentums zerfallen und an dessen Ende wir die Einheit der Christenheit zerfallen sehen. So ist letzten Endes jede Besinnung auf das Werk des Bonifatius auch schmerzlich!«[194]

Wie wohl für alle Gottesmänner, so gilt auch für Bonifatius, daß bei ihm Licht und Schatten vorhanden sind. Zweifelsohne war er ein gläubiger Mensch, der mit der ganzen Kraft seiner Persönlichkeit für die Ausbreitung des Evangeliums sorgen wollte. Das Wort Gottes hatte für ihn vollkommene Gültigkeit, stellte er doch fest: »Wenn wir hören: So spricht Gott, wer möchte nicht glauben, daß das geschehen wird, was der Herr spricht, es sei denn, er glaubt nicht an Gott?«[195] Diese seine schriftgebundene Haltung kommt auch in einem der ältesten Bildnisse des Bonifatius zum Ausdruck, dem Steinrelief vom Anfang des 12. Jahrhunderts aus der Grabeskirche der Lioba am Petersberg in Fulda. Es zeigt den Missionar mit Mitra, Stab, Kasel (Meßgewand) und geöffnetem Buch, das gewiß als Evangelienhandschrift verstanden werden darf (Abb. 34).

Aber diese Anerkennung des Wortes Gottes als Lebensnorm, die immer wieder aus seinen Briefen spricht, stand unter der Prägung der von Rom geformten Tradition. »Darin ist er ein Typus des mittelalterlichen Menschen, daß er ohne Widerspruch das aufnahm, was die Autorität

Abb. 33: Grabplatte des Bonifatius
Mainzer Dom, 1357

ihm darbot; ohne Reflexion darüber, ob es das Rechte sei, hielt er es dann fest. An der Richtigkeit seines Verhaltens hat er vielfach gezweifelt, niemals an der Wahrheit seines Glaubens und dem Recht seiner Überzeugungen.«[196] In dieser Bindung an das Papsttum vermochte er, auch aufgrund seiner klösterlichen Erziehung, nicht zu erkennen, daß die römische Kirche sich in ihrem Verständnis des Evangeliums und, daraus resultierend, auch dem der Mission und der Kirche allmählich von den Leitvorstellungen der Urchristenheit entfernt hatte. Die eigentliche Tragik des Bonifatius ist es, die noch formbare fränkische Kirche in den Kontext dieser römischen Fehlorientierung geführt zu haben. Exemplarisch deutlich wird dies bei dem formalen Glaubenswechsel der sogenannten Massenbekehrungen, die es zuließen, daß die heidnischen Vorstellungen sich durchaus mit den kirchlichen Kultgewohnheiten verbanden. Gerade die Verwendung von Reliquien in der Missionsarbeit und die damit verbundene Verehrung der Heiligen stand in der Gefahr, die Mächte des heidnischen und des christlichen Sakralen ungeschieden zu verbinden. »Denn der Heilige vermenschlichte die herrschaftlich-fern thronende göttliche Allmacht, wob sie ein in die regionalen und lokalen Lebenshorizonte, in denen zuvor heidnische Götter nahe gewesen waren; er kam sozialen Bedürfnissen entgegen wie einst die alten Gottheiten und lenkte ihre Verehrung auf sich, ohne die Kontinuität der in regionale Grenzen gebundenen, aus heidnischer Zeit überkommenen Lebenszusammenhänge und Kultgemeinschaften zu zerstören. Der Ortsheilige bestätigte sie vielmehr; er recht eigentlich versöhnte den mittelalterlichen Regionalismus mit dem universalen Allmacht-Gott. Über ihn und auf andere Weise eroberte sich heidnisch anmutende, dörf-

Abb. 34: Bonifatius (das wohl älteste Steinbild)
Grabeskirche der hl. Lioba am Petersberg, Anfang des 12. Jh.

liche Mentalität christliche Kultformen.«[197] Bonifatius hat diesen Weg mit gefördert. Und er hat den werdenden »deutschen Episkopat mit der Überzeugung erfüllt, daß die deutsche Kirche nur dann blühen könne, wenn sie in enger Gemeinschaft mit Rom lebe. Insofern ist er allerdings einer der Männer, welche den Grund zu der Einheit der mittelalterlichen Kirche und zu der mittelalterlichen Papstmacht gelegt haben.«[198]

Unbeschadet dessen ist Bonifatius sicher einer der großen Männer der Kirchengeschichte, aber eben auch ein Kind seiner Zeit. Seinen Lebensweg mit all den Anstrengungen um die Mission und die Kirchenorganisation, der so lebendig aus seinen Briefen spricht, kann auch der Historiker nur mit innerer Anteilnahme betrachten. Das gilt für seine von Vertrauen in die Macht des Gebetes und die Anerkennung der göttlichen Führung geprägte Frömmigkeit ebenso wie für seine liebevolle Fürsorge den Mitstreitern gegenüber und seine lebenslange enge Verbundenheit mit der Heimat. In vielen Ereignissen war er nicht der Führende, sondern ließ sich von den karolingischen Herrschern und von den Päpsten leiten. »Individuell war bei ihm eigentlich nur, daß er das, was alle waren, reiner, treuer und voller war als alle. Sein Charakter war größer als sein Talent. Deshalb steht er als sittliche Persönlichkeit sehr hoch: er war ein gerader und wahrer Mann, der bei seiner Arbeit nicht sich suchte, sondern dem es auf die Sache ankam, der er diente. Dem, was er für Pflicht hielt, ging er nie aus dem Wege, auch wenn er eigenen Wünschen deshalb entsagen mußte. Stets entsprach sein Verhalten seinen Überzeugungen; man kann die letzteren tadeln; aber man kann in seinem ganzen Leben nicht eine Handlung entdecken, bei der seine Grundsätze dem Erfolg geopfert hätte.«[199]

Wie immer man Bonifatius auch beurteilen mag, unzweifelhaft gehört er zu den Initiatoren der westlich-abendländischen Welt. »Er bleibt nicht nur eine über alle

Geschichte hinweg verehrungswürdige Erscheinung: er gehört auch unverlierbar zu unserer deutschen und europäischen Geschichte, wir zehren von seinem Erbe, denn die von ihm vermittelte abschließende römisch-germanische Begegnung war geschichtsträchtig im höchsten Sinne; der Mönch aus Wessex, der beim Stuhle Petri die Missionsvollmacht einholte, der bei Hessen, Thüringern, Baiern und Friesen, bei austrasischen und neustrischen Franken wirkte, der den universalkirchlichen Zusammenhalt erneuerte, er gehört zu den bahnbrechenden Initiatoren, zu den Baumeistern unseres Kulturkreises.«[200]

VI. Anhang

Ziel des vorliegenden Buches ist es, eine interessierte Leserschaft mit Bonifatius und seiner Zeit bekannt zu machen. Für die Berechtigung dieses Vorhabens sprechen mehrere Gründe. Erstens sind in jener, den Heutigen so fern liegenden Epoche Entscheidungen getroffen worden und Wegweisungen erfolgt, die noch immer nachwirken. Denn im 8. Jahrhundert wurden nicht nur Grundordnungen für das westliche Europa geschaffen, sondern auch für manche Erscheinungsformen der Kirchen. Zweitens hatten Bonifatius und seine Mitarbeiter in ihrer Auseinandersetzung mit dem Heidentum und einem erstarrten Kirchenwesen mit Problemen zu kämpfen, die bis heute nichts von ihrer Aktualität verloren haben. So können die missionsphänomenologischen Grundlagen des früheren Mittelalters entsprechenden modernen Unternehmungen durchaus Hilfestellung leisten. Drittens ist durch das neu erwachte Interesse an der Geschichte in der letzten Zeit auch das Mittelalter wieder gefragt. Die Produkte dieser Konjunktur sind indes aufgrund ihrer Bindung an die modernen Medien oft genug von sinnentleerender Verflachung gekennzeichnet, überträgt man doch nur zu schnell eigene Vorstellungen in die Vergangenheit und versperrt sich so den Zugang zum mittelalterlichen Lebensgefühl. Um so nötiger erscheint der Verzicht auf schnelle Beurteilungen und die Bereitschaft, die Quellen der damaligen Gegenwart sprechen zu lassen.

Diesen Leitideen folgend, wird nicht der Anspruch erhoben, neueste wissenschaftliche Erkenntnisse zu verarbeiten, weshalb auch auf einen die Gelehrsamkeit vorführenden umfänglichen Apparat verzichtet werden kann. Der Kundige, wenn er denn überhaupt zu solch einer Darstellung der Geschichte greift, wird ohnehin rasch merken, welchen vorzüglichen Studien diese Arbeit folgt. Die Angaben dieses Anhanges sollen dem Interessierten die Weiterarbeit erleichtern.

Der chronologische Überblick (A.) dient der raschen Orientierung im 8. Jahrhundert; es wurden nur die wichtigsten Daten aufgenommen. Exakte Jahreszahlen lassen sich nicht für alle Lebensspannen und Ereignisse feststellen, so daß die Angaben in der Forschungsliteratur oft differieren. Dennoch sind im Text die erreichbaren Lebensdaten aller Persönlichkeiten bei ihrer ersten Erwähnung genannt.

Die Anmerkungen (B.) dienen fast ausnahmslos dem Nachweis von Quellen oder Zitaten. Die Quellen werden nicht nach den wissenschaftlichen Editionen der *Monumenta Germaniae historica* im lateinischen Originaltext zitiert, sondern nach Ausgaben, die im Paralleldruck eine deutsche Übersetzung bieten. Auf einen speziellen Nachweis der MGH-Edition wird verzichtet, da er in der Regel über die zweisprachigen Ausgaben leicht erreichbar ist. Die benutzten Übersetzungen sind in vielen Fällen ohne weitere Kennzeichnung überarbeitet worden. Die Briefe des Bonifatius werden mit der Sigle Ep. (*Epistola*), seine Biographie mit der Sigle V. (*Vita*) nach der Ausgabe von Rau 1968 zitiert, gefolgt von Brief- bzw. Kapitelnummer (c.), Seiten- und Zeilenzahl. Nachgewiesen sind die Originaltexte in den Abschnitten Schriften des Bonifatius (C.) und Quelleneditionen (D.). Bei Verweisen auf die Sekundärliteratur werden nur der Verfassername und das Erscheinungsjahr angegeben. Die Titel sind in der Bibliographie (E.) verzeichnet. Grundlegend zum Verständnis von Bonifatius und seiner Zeit sind vor allem die Studien von Angenendt, Ewig, Albert Hauck, Levison, Löwe, Reuter, Schieffer und Wallace-Hadrill. Die ausführliche, freilich nicht vollständige Bibliographie ermöglicht es dem Interessierten, sich mit den hier nicht diskutierten Forschungsproblemen auseinanderzusetzen. Dazu gehören vor allem die nähere Bestimmung des Geburtsjahres und -ortes des Bonifatius (vgl. Reuter 1980), die Beendigung seiner Zusammenarbeit mit Willibrord (van Moorsel 1968), die Datierung der mitteldeutschen Bistümer und des *Concilium Germanicum* (Löwe 1954; Jäschke 1974; Pfeiffer 1974; Schieffer 1986) sowie die Rolle des Angelsachsen bei dem Staatsstreich Pippins (Jäschke 1977; Jarnut 1982). Das Nachwort zum Neudruck 1972 des Buches von Schieffer 1954, 327-337, führt umsichtig in die Forschungsdiskussion der genannten Probleme ein.

Den Abschluß dieses Anhanges bildet der Abbildungsnachweis (F.). Er ist ausführlich gehalten, um auch hier die Möglichkeit zur weiteren Information über die gezeigten Dokumente zu geben.

A. Chronologischer Überblick

672/675	Wynfreth geboren in Wessex (möglicherweise in Crediton bei Exeter)
um 680	Eintritt in das Kloster Aet Exanceastre (Exeter), später Wechsel in das Kloster Nursling bei Winchester
702/705	Priesterweihe
714-741	Karl Martell (geb. um 676) faktischer Herrscher (Hausmaier) des fränkischen Reiches
715-731	Papst Gregor II. (geb. 669)
716	Missionsreise nach Friesland
717	Abt des Klosters Nursling
718	Wynfreth verläßt für immer seine angelsächsische Heimat
718-719	Erste Romreise
15. Mai 719	Papst Gregor II. erteilt Wynfreth eine allgemeine Missionsvollmacht und gibt ihm den Namen des Vortagsheiligen Bonifatius
719	Bonifatius in Thüringen
719-721	Zusammenarbeit mit Willibrord (um 658-739) in Friesland
721-722	Missionsarbeit in Hessen
722-723	Zweite Romreise
30. Nov. 722	Papst Gregor II. weiht Bonifatius zum Missionsbischof ohne festen Sitz
723-732	Mission und Kirchenorganisation in Hessen und Thüringen, Klostergründungen
723	Bonifatius fällt die Donareiche in Geismar und erbaut aus ihrem Holz die Peterskirche in Fritzlar
731-741	Papst Gregor III.
732	Papst Gregor III. erhebt Bonifatius zum Erzbischof ohne eigenen Metropolitansitz
733/735	Missionspredigt und Kirchenvisitation in Bayern
735-737	Kirchenorganisation in Hessen und Thüringen, Klostergründungen

737-738	Dritte Romreise; Ernennung zum päpstlichen Missionslegaten für Germanien; Werbung von Landesleuten für die Missionsarbeit
738-739	Organisation der bayerischen Kirche, Bistumsgründungen
740-745	Kirchenorganisation in Hessen und Thüringen; Reform der innerfränkischen Landeskirche
741-747	Pippin der Jüngere (geb. um 715) und Karlmann (geb. vor 714) Hausmeier in den fränkischen Teilreichen Neustrien und Austrasien
741-752	Papst Zacharias
741-742	Gründung der mitteldeutschen Bistümer Würzburg, Büraburg, Erfurt und Eichstätt
21. April 743	*Concilium Germanicum*, erste Reformsynode im Frankenreich (Austrasien), Zusammenschluß der austrasischen Kirche zu einem Metropolitanverband unter Bonifatius als Erzbischof ohne festen Sitz
744	Synoden in Les Estinnes und Soissons
12. März 744	Gründung des Klosters Fulda, das zu einem geistigen Zentrum wird
745-747	Weitere Synoden, jedoch verstärkte Opposition gegen Bonifatius, an dem die weitere Entwicklung z.T. vorbeiläuft. Pippin verhandelt ohne Einschaltung des Erzbischofs direkt mit dem Papst
746/747	Bonifatius erhält das Bistum Mainz zugewiesen, nachdem entsprechende Pläne für Köln gescheitert sind
747	Fränkische Synode ohne Beteiligung der Hausmeier
747	Karlmann entsagt der Herrschaft und tritt in das Kloster Monte Cassino ein; Pippin Alleinherrscher im Frankenreich (gest. 768)
751	Erhebung Pippins zum König der Franken anstelle des Merowingerkönigs Childerich III. (König seit 743), der Papst stimmt dem Staatsstreich zu

751	Päpstliches Exemtionsprivileg für das Kloster Fulda
752-759	Papst Stephan II. (III., wenn der drei Tage nach seiner Wahl, aber noch vor der Weihe am 25. März 752 verstorbene Stephan II. mitgezählt wird)
753	Zustimmung des Papstes und des Frankenkönigs zur Bestimmung Luls (710-786) als des Bonifatius Nachfolger im Bistum Mainz
753-754	Visitations- und Missionsreise nach Friesland
7. Juni 754	Märtyrertod des Bonifatius und seiner 51 Begleiter in Dokkum; Nachfolger als Missionserzbischof wird Chrodegang von Metz (gest. 766)
28. Juli 754	Papst Stephan II. salbt Pippin in St. Denis zum Frankenkönig; erste Reise eines Papstes in den Norden
754	Angelsächsische Provinzialsynode erhebt Bonifatius zum Patron, beginnende Heiligenverehrung des in Fulda bestatteten Missionars
vor 769	Im Auftrag Luls verfaßt der aus England stammende Mainzer Priester Willibald die *Vita Bonifatii;* Lul sammelt die Briefe des Bonifatius

B. Anmerkungen

[1] V. c. 8, 515,2-12 unter Verwendung von 1. Thess. 5,15; 2. Tim. 4,6; Tob. 5,13 und Mt. 10,28.

[2] V. c. 8, 515,23-27.

[3] *Vita altera Bonifatii* c. 15, 73,17-25.

[4] V. c. 8, 517,1-13.18f.

[5] V. c. 8, 517,31-36.

[6] Ep. 111, 345,3.11.12-347,4.

[7] Ep. 111, 345,17-30; vgl. Ep. 112, 353,2-24.

[8] Zitiert bei Kahl 1978, 27; vgl. Schäferdiek 1980, 503.

[9] Kahl 1978, 31.

[10] Kahl 1978, 34 mit Hinweis auf Beda II, 13, 180-185.

[11] Beda II, 15, 189. Zu Raedwald Schäferdiek 1978, 162; Krüger 1971, 260ff und Vierck 1972.

[12] Eine entsprechende Gußform ist abgebildet bei Wilson 1980, 20 Abb. 10.

[13] Vgl. Rhein und Maas 1972, 163 Nr. A 2. Die Inschrift lautet: VBI DOMINVS AMBVLAVIT SVPER ASPIDEM ET BASILISCV(M) ET CONCVLCABIT LEONE(M) ET DRACONEM nach Ps. 91,13. Die Rückseite des Diptychons zeigt die Verkündigung Gabriels an Maria und deren Begegnung mit Elisabeth nach Lk. 1.

[14] Abgedruckt sind die *Interrogationes et responsiones baptismales* bei Rau 1968, 448f. Vgl. Angenendt 1977, 139ff.

[15] Schäferdiek 1980, 506.

[16] Fritze 1969, 113; vgl. Markus 1985.

[17] *Gregorii Registrum Epistolarum* XI, 37, aufgenommen von Beda II, 32, 114-119, Zitat 117; vgl. Ex. 23,24. Zum Ganzen v. Padberg 1989a.

[18] *Gregorii Registrum Epistolarum* XI, 56, aufgenommen von Beda II, 30, 110-113, Zitat 111. 113.

[19] Kahl 1978, 50.

[20] Schieffer 1954, 71.

[21] Schieffer 1954, 98.

[22] Schieffer 1954, 14.

[23] V. c. 1, 461,14-17; zum Namen Weber 1954.

[24] Ep. 13, 51,8-10. 16f unter Verwendung von Ps. 1,2 und Mt. 19,28. In der *Vita altera Bonifatii* findet sich ein Vergleich des Angelsachsen mit Paulus: c. 14, 72f., bes. 72,27-73.3: »*Sed Paulus magister, iste [sc. Bonifatius; v.P.] discipulus, ille gentium doctor, iste Germanorum predicator; ille sedebit ut iudicet in throno apostolorum, iste a dextris stabit in numero sanctorum.*«

[25] Siehe Anm. 24 sowie Rhein und Maas 1972, 178f Nr. C 2 und 182 Nr. C 7; ferner Hauck 1904, 418ff; Schieffer 1954, 104; Jäschke 1981, 69; Barlow 1980, 13-26 und Holdsworth 1980, 52ff.

[26] V. c. 1, 461,17-22.
[27] V. c. 1, 463,15-27.
[28] V. c. 1, 465,3-9 unter Verwendung von Mt. 19,29.
[29] V. c. 2, 467,34-469,3.
[30] Ep. 63, 193,10.
[31] Zum Book of Kells, das im Jahre 1007 gestohlen und erst später unter einem Rasenstück versteckt wiedergefunden wurde, siehe Irische Kunst 1983, 7, 10f, 36, 38, 46f, 49, 56f, 134f und 141.
[32] Abgedruckt bei Rau 1968, 365,33-38. Dort 7-22 des Bonifatius eigene Beschreibung der Titelseite: »Nun habe ich auf die Titelseite meines Werkes ein Viereck gesetzt, das in der Mitte die Gestalt des heiligen Kreuzes und die Worte ›Jesus Christus‹ darstellt. Das Viereck bietet, eingerahmt von zwei Versen, während andere quer laufen, in spielerischer Aneinanderfügung von Sätzen die Buchstaben, die einander entgegen zu lesen sind. Es ist aber dieses Viereck, wie du wissen sollst, gebildet in der Gestalt des alten und des neuen Testaments. Die erste Hälfte dieses Vierecks, die unter Einschaltung gewisser Pentameter bis zur Mitte des Kreuzes herabreicht, ist gemalt in Zeilen, die zwar mit dem Ruderschlag des Versfußes vorüberziehen, aber doch offensichtlich keine Hexameter und überhaupt nicht tadellos in ihrem Ablauf sind. So strebte auch innerhalb des Alten Testaments alles, weil halbvoll und unvollkommen, nach der Erfüllung des Gesetzes, d.h. zu dem gekreuzigten Christus. Nach dem Kreuz aber strömen in diesem Viereck tadellose Hexameter dahin: so ist auch durch Christi Gnade nach Empfang der Sündenvergebung alles in den richtigen Stand gebracht und vollendet.«
[33] Ep. 9, 27,22-25.31 nach Bezug auf Jos. 1,8.
[34] Vgl. Hauck 1904, 420ff; Schieffer 1954, 104-107; Barlow 1980, 22ff; Greenaway 1980, 35f und Holdsworth 1980, 54ff.
[35] V. c. 4, 475,24-28.
[36] Hauck 1904, 424.
[37] Ep. 11, 45,16f.
[38] V. c. 5, 481,36-483,8.
[39] Schieffer 1954, 112f.
[40] Hauck 1904, 427.
[41] Ep. 12, 47.3-10.22-28 unter Verwendung von 2. Tim. 3,15 und Mt. 25,16.
[42] Vgl. Angenendt 1977.
[43] Zur Namensproblematik Levison 1908, 337ff; Zeller 1954, 2; Weber 1954, 39ff und Schieffer 1954, 113.
[44] V. c. 5, 485,33 und 487,2f.
[45] Erzählt in *Vita Gregorii* c. 2, 67,22-68,34. Die breit ausgestaltete Szene ist z.T. nach Apg. 8,26-40 geformt.
[46] V. c. 6, 489,25-27.

[47] Schieffer 1954, 141.
[48] Ep. 16, 63,18-26, 65,1-5.12-15 in der Übersetzung bei Haendler 1983, 73.
[49] V. c. 6, 492,21-23, vgl. Gottlob 1936, 28 und Angenendt 1984, 148ff.
[50] Ep. 17, 67,27-36.
[51] Ep. 18, 68-71, der Hinweis auf die *Afri* 68,16-18.
[52] Ep. 19, 70-73 an die Thüringer; Ep. 21, 74-77 an die Altsachsen; Ep. 20, 72f, ein Empfehlungsschreiben an den fränkischen Hausmeier Karl Martell, ist als unecht erwiesen.
[53] Hauck 1904, 436.
[54] Vgl. V. c. 6, 495,1-3 und Ep. 22, 76-79.
[55] V. c. 6, 495,4-30 in der Übersetzung bei Haendler 1983, 75.
[56] V. c. 6, 497,16-26 unter Verwendung von Mt. 9,37.
[57] Vgl. Ep. 23-26, 78-95.
[58] Hauck 1904, 444.
[59] Schieffer 1954, 156f.
[60] V. c. 6, 499,9-16.
[61] Ep. 28, 99,8-11.
[62] Schieffer 1954, 160.
[63] V. c. 6, 501,1-6.
[64] V. c. 7, 501,20-25.
[65] Ep. 41, 121,17-22.
[66] Vgl. Ep. 42-47, 122-137.
[67] Siehe Ep. 44, 126-129 und V. c. 7. 503,14-20; dazu Schieffer 1954, 182 und Rudolf Schieffer 1976, 192ff.
[68] Siehe Ep. 50, 141,22-30; zur Diskussion um diese Gründungen Schieffer 1954, Nachwort 1972, 333ff; Jäschke 1974; Pfeiffer 1974 und Rudolf Schieffer 1976, 180-191.
[69] Schieffer 1954, 186.
[70] V. c. 7, 503,27-33.
[71] Ep. 50, 143,7-13.
[72] Zur kontrovers diskutierten Datierungsfrage Löwe 1954; Schieffer 1986, 114f und die in Anm. 68 genannte Literatur.
[73] Die Bestimmungen des *Concilium Germanicum* sind abgedruckt bei Rau 1968, 378-381; Zitate 379,18-27.31-33 und 381,12-22 nach der Übersetzung bei Haendler 1983, 82f.
[74] Hauck 1904, 488.
[75] Ep. 60, 177,4-14.
[76] Ep. 61, 183,19-22.
[77] *Vita Gregorii* c. 4, 71,14-16, dort 11f der Hinweis auf den beabsichtigten Mord.
[78] Vgl. Ep. 57, 169,1-16 und Hauck 1904, 515-517.
[79] Ep. 68, 211,4-26, Zitat 19-22.
[80] Schieffer 1954, 252.

81 Hierzu Schieffer 1954, 260-264 und Angenendt 1980, 32ff. Siehe zu 751 auch die eingehende Diskussion bei Jarnut 1982, der für die Salbung durch Bonifatius plädiert.

82 Ep. 86, 291,12-23.

83 Ep. 89, 305,14-307,8; vgl. Ep. 87, 295,7-14 sowie Sandmann 1989, 1020f.

84 Vgl. Ep. 50, 145,9-24.

85 Ep. 51, 155,1-5.

86 Ep. 80, 269,29-271,7.

87 Ep. 93, 315,7-29; dazu Hauck 1904, 544 und Schieffer 1954, 269.

88 Ep. 107, 336f.

89 V. c. 8, 509,23-25 unter Verwendung von 2. Kor. 1,7. Zu Lul: Hahn 1883 und Schieffer 1950, 1471-1529.

90 Vgl. Ep. 108, 336-339.

91 V. c. 8, 511,6-11.

92 Dazu Milrets Brief Ep. 112, 350-354.

93 Schieffer 1954, 274.

94 *Vita quarta Bonifatii* c. 11, 103,15-20.

95 Fuhrmann 1988, 37f nach W. Kaegi. *Jacob Burckhardt*, Bd. 6,1. 1977.

96 Ep. 94, 316,5f.

97 Angenendt 1972, 128, dort 124-175 zum Ganzen.

98 Ep. 38, 119,2-6; vgl. Kötting 1950.

99 Ep. 78, 253,9-17.

100 An König Aethelbald Ep. 73, 212-227; begleitende Schreiben an den Priester Herefrid, Ep. 74, 228-231, und an Erzbischof Ecberth von York, Ep. 75, 230-233.

101 Ep. 78, 239,24-28.

102 Bitten um Gebetsverbrüderung von und an Bonifatius finden sich in Ep. 15, 23, 27, 29-34, 38, 46, 47, 62-67, 74-76, 78, 81, 90, 91, 97 und 104-106, sie betreffen mit Bonifatius 23 Personen, vornehmlich Angelsachsen. Vgl. Hahn 1883.

103 Ep. 30, 105,29-35 unter Verwendung von Ps. 113,5; Eph. 6,19 und 2. Thess. 3,1.

104 Ep. 67, 209,8-12.

105 Siehe Ep. 65, 205,3-12.

106 Ep. 38, 119,12-17 unter Verwendung von 1. Tim. 2,4.

107 Ep. 46, 135,17-22.

108 Ep. 81, 271,24-32. Die erwähnten Gebetszeiten gaben dem Klostertag einen festen Ablauf. Je nach Jahreszeit begannen sie entsprechend der Benedikt-Regel zwischen Mitternacht und 2 Uhr morgens mit der *Matutin* (auch Vigilien oder Nocturnes genannt), bestehend aus drei Psalmenlesungen mit Responsorien, Allelulia, Laudes, Apostellesung, Responsorium, Hymnus, Bibelvers, Evangelium und Bittgebet. Bei Tagesanbruch sang man oft noch einmal die *laudes*

(Lobgesänge). Der Tag selbst war eingeteilt in die kleinen Horen *Prim* (gegen 6 Uhr), *Terz* (gegen 9 Uhr), *Sext* (gegen 12 Uhr) und *Non* (gegen 15 Uhr), jeweils gehalten mit einem Vers, drei Psalmen, Lesung, Gesang und Schlußgebet. Gegen 17 Uhr folgte die *Vesper* mit vier Psalmen und Antiphonen, Lesung, Responsorium, Hymnus, Vers, Lobgesang, Evangelium, Bittgebet, Vaterunser und Schlußgebet. Abgeschlossen wurde der Tag durch die *Komplet* zwischen 18 und 20 Uhr. Zum Klosterleben insgesamt Goetz 1986, 65-114.

109 Ep. 15, 63,6-11.

110 Ep. 32, 107,28f.

111 Ep. 91, 313,19-21.

112 Ep. 105, 333,9-11.26-35. Die Hinweise in den Bonifatiusbriefen auf den Austausch von Geschenken sind wichtige sozialgeschichtliche Zeugnisse, die eine nähere Untersuchung verdienen.

113 Ep. 34, 112-115, Zitat 113,15-24.

114 Ep. 35, 115,20-27. Von Erzbischof Wilfried von York ist bekannt, daß er ein Evangeliarium aus lauterstem Gold auf Purpurpergament hatte schreiben lassen.

115 Märtyrergeschichten: Ep. 15, 63,1f; Briefe Gregors: Ep. 33, 111,1-11; Werke Bedas: Ep. 75, 233,19-23; 76, 235,15-19 und 91, 311,14-24; weitere Bücher: Ep. 30, 105,24 und 91, 311,4. Vgl. auch Krüger 1973, 202ff.

116 V. c. 6, 497,31-499,3.

117 *Vita Sualonis* c. 1, 157,21-25; übersetzt von Bauch 1962, 211.

118 So Schieffer 1954, 165. Teiledition der Rätsel bei Rau 1968, 369-372.

119 Ep. 29, 103,22-26 und 104,1-3.

120 *Vita Leobae* c. 17, 129,22-24. Die Lebensbeschreibung Liobas gehört zu den reizvollsten Stücken der frühmittelalterlichen Überlieferung.

121 Siehe *Vitae Willibaldi et Wynnebaldi,* dazu und zur Kategorie der Familienbande überhaupt v. Padberg 1981 und 1989b.

122 Ep. 40, 119,26-121,12.

123 Nach Greenaway 1980, 37.

124 Vgl. Goetz 1986, 76ff.

125 Als Klöster und Domstifte bei den neu begründeten Bistümern entstanden Amöneburg, Ohrdruf, Fritzlar, Tauberbischofsheim, Kitzingen, Ochsenfurt, Hersfeld, Kirchbach, Benediktbeuren, Wessobrunn, Staffelsee, Kochelsee, Sandau, Siverstatt, Polling, Schletsdorf, Weltenburg, Eichstätt, Erfurt, Würzburg, Fulda, Regensburg, Solnhofen und Heidenheim. Historisch gesichert sind nur die im Text erwähnten Gründungen, bei den anderen ist der Zusammenhang mit Bonifatius ungewiß.

126 Fuhrmann 1988, 29.

127 Hauck 1904, 460.

[128] Goetz 1986, 81.
[129] Siehe Ep. 96, 318-321.
[130] Vgl. Ep. 18, 69,13f.
[131] Ep. 84, 285,3-6.
[132] Fuhrmann 1988, 20f.
[133] V. c. 3, 471,6-12.
[134] Ep. 91, 311,20-23. Mit »Vorlesebuch« sind wohl Homilien gemeint, also Predigtsammlungen zu den Sonntagsperikopen eines Jahres.
[135] In Ep. 78, 248,2-5.
[136] Ep. 35, 114f; siehe Kap. IV.E.2. bei Anm. 114.
[137] V. c. 3, 471,18-29 unter Verwendung von 1. Kor. 9,22.
[138] Ep. 78, 247,1-15.21-27 unter Verwendung von Ez. 3,17f; Joh. 10,2 und 2. Thess. 3,9.
[139] Ep. 78, 251,39-253,5 unter Verwendung von Jes. 56,10; Joh. 10,13 und 2. Tim. 4,2.
[140] Ep. 78, 253,33f; vgl. V. c. 5, 485.33.
[141] Hauck 1904, 448f.
[142] Dazu v. Padberg 1989a.
[143] Ep. 109, 340,4-6.
[144] Ep. 23, 83,2-7.
[145] Ep. 23, 81,4-11.
[146] Schieffer 1954, 147.
[147] Ep. 57, 165,30-167,5.
[148] Ep. 101, 323,9f.
[149] Hauck 1904, 446.
[150] Ep. 17, 67,11-17.
[151] Ep. 21, 77,3; 75,11-16; 77,11-16 unter Verwendung von Lk. 21,31.
[152] Ep. 25, 89,18-22.
[153] Ep. 28, 101,31f.
[154] Ep. 43, 125,25-127,1 unter Verwendung von Gal. 3,27; vgl. Ep. 44, 129,12-14.
[155] Abgedruckt ist der *Indiculus superstitionum et paganorum* bei Rau 1968, 444-449.
[156] Ep. 43. 127,1f.
[157] Ep. 80, 261,23-26.
[158] Ep. 50, 143,26-145,5.
[159] Abgedruckt sind die Dekrete des *Concilium Romanum* von 743 z.T. bei Rau 1968, 390-395, Zitat 393, 18f.
[160] Ep. 26, 91,20-26.
[161] Ep. 28, 101,23-29.
[162] Ep. 78, 253,36-255,15.
[163] Ep. 61, 185,8-12.
[164] Karl Hauck 1964, 33.
[165] Hierzu Karl Hauck 1967, 53.

[166] Vgl. zum Ganzen Angenendt 1984, 3, 13f.
[167] Ep. 45, 131,2f.
[168] Ep. 57, 167,12-16.
[169] Ep. 77, 237,33-38.
[170] Ep. 63, 191,28-31.
[171] Schmidt 1977, 15f.
[172] Ep. 45, 133,10-17.
[173] Ep. 58, 173,31-36.
[174] Vgl. Ep. 80, 261,39-265,13.
[175] Ep. 83, 281,1-8.
[176] Ep. 18, 69,11-17; vgl. Lev. 21,16-23.
[177] Vgl. Ep. 28, 99,16-24.
[178] Ep. 18, 69,32-71,2; vgl. Ep. 12, 47,28-32; hierzu Angenendt 1977.
[179] Ep. 18, 69,23-27; vgl. Ep. 83, 281,26-38.
[180] Ep. 25, 89,23-25.
[181] Ep. 78, 245,24-28.
[182] Schieffer 1954, 74.
[183] Hauck 1904, 401.
[184] Siehe Ep. 33, 111,1-11; Ep. 54, 163,31-165,7 und Ep. 75, 233,24-27.
[185] Ep. 28, 101,4-8.
[186] Ep. 87, 295,28-32.
[187] Ep. 87, 299,14-18 und 301,27-33.
[188] Ep. 28, 101,9-15.
[189] Ep. 108, 339,1-6.
[190] Nach Jäschke 1981, 73.
[191] Schieffer 1954, 283. Zu den Eigentümlichkeiten des Heiligenkultes gehört das Phänomen der Schutzpatrone. Bonifatius galt als zuständig für die Bierbrauer, Feilenhauer und Schneider.
[192] Schieffer 1954, 286.
[193] Kranz 1988, 49.
[194] Zeller 1954, 13.
[195] Ep. 78, 251,14-16.
[196] Hauck 1904, 552.
[197] Schmidt 1977, 43.
[198] Hauck 1904, 552.
[199] Hauck 1904, 551.
[200] Schieffer 1954, 286.

C. Schriften des Bonifatius

Gegenüber seinen Leistungen als Missionar und Kirchenreformer fällt die literarische Hinterlassenschaft des Bonifatius kaum ins Gewicht. Abgesehen von der Zeit seiner Lehrtätigkeit im englischen Kloster Nursling hegte er auch keine entsprechenden Ambitionen. Von den im folgenden zusammengestellten Werken stammen die Nummern 1-4 sicher von Bonifatius, während die Echtheit der Nummern 5-7 ganz unsicher ist oder sie als Fälschungen erwiesen sind.

1) *S. Bonifatii Epistolae* (zitiert mit der Sigle Ep. nach der Ausgabe von Rau 1968). Die wertvollste schriftliche Hinterlassenschaft des Bonifatius sind seine Briefe. »Kirchenpolitische, kirchenrechtliche, gelehrte und persönliche Dinge in buntem Wechsel verbindend, bilden diese Briefe eine überaus reiche Quelle für die Kenntnis der Missions- und Kirchengeschichte, vermitteln aber auch, gerade weil sie der Verfasser nicht selbst redigiert und überhaupt nicht für die Veröffentlichung bestimmt hat, ein ungleich eindrucksvolleres Bild vom Leben und Wirken und der Persönlichkeit des Missionars, als es die Viten zu geben vermögen« (Brunhölzl 1975, 230f). Gesammelt wurden die Briefe auf Veranlassung von Lul, dem engsten Mitarbeiter und Nachfolger des Bonifatius in Mainz. Die Vermutung, daß er dessen Biographen Willibald mit dieser Arbeit betraute, hat viel für sich. Die heute vorliegende Sammlung von insgesamt 150 Briefen, in die auch die Schreiben von und an Lul aufgenommen wurden, ist in mehreren Redaktionen entstanden, siehe dazu die Einleitungen zu den Editionen von Tangl 1916, V-XXXIX und Rau 1968, 9-22.

2) *Ars Grammatica.* Die Grammatik des Bonifatius ist unter dem Titel *Ars domni Bonifatii* erhalten im *Codex Vaticanus Palatinus* 1746 s. IXf 161b-184b, erstmals ediert 1835, jedoch ohne Widmungsbrief und Figurengedicht. Diese sind, z.T. mit Übersetzung, herausgegeben von Rau 1968, 359-368. Wissenschaftliche Ausgabe: Bonifatii (Vynfreth). *Ars Grammatica.* Hg. George John Gebauer, Bengt Löfstedt. Corpvs Christianorvm Series Latina CXXXIIIb. Turnhout, 1980.

3) *Metrik.* Die von Bonifatius als Klosterlehrer in Nursling verfaßte Metrik, ebenso wie die Grammatik eine Kompilation aus spätantiken Werken, ist nur unvollständig erhalten. Sie wurde bislang noch nicht eingehend untersucht, siehe Rau 1968, 368f und Brunhölzl 1975, 229. Vorläufige Ausgabe: Th. Gaisford. *Scriptores latini rei metricae.* Oxford, 1837. 577-585.

4) *Aenigmata* (auch unter dem Titel *de virtutibus et vitiis*). Es ist dies das einzige literarische Werk des Bonifatius im engeren Sinne. Es »enthält in

388 Hexametern nach einem Widmungsgedicht zehn Rätsel über Tugenden und ebensoviele über Laster; jede Tugend und jedes Laster beschreibt, in der ersten Person redend, sich selbst. Die einzelnen Rätsel weisen akrostichischen Bau auf; die Anfangsbuchstaben ergeben die Lösung« (Brunhölzl 1975, 230). Bonifatius hat diese Arbeit wahrscheinlich Lioba gewidmet. Behandelt werden als Tugenden: Wahrheit, der katholische Glaube, Hoffnung, Barmherzigkeit, Liebe, Gerechtigkeit, Geduld, der wahre christliche Friede, die christliche Demut und die Jungfräulichkeit; als Laster: Nachlässigkeit, Jähzorn, Habsucht, Hochmut, Unmäßigkeit, Trunksucht, Unzucht, Neid, Unwissenheit und Eitelkeit. Das Rätsel über den katholischen Glauben, in dessen lateinischer Fassung die Anfangsbuchstaben die Worte *fides catholica* ergeben, lautet:

Fecunda et fortis uernans uirtutibus altis,
Ipsius »altithroni ductrix et nuntia« dicor,
Dum Christi populo per mundum labara porto,
Et uirtute mea uiuentes legibus aequis
Sacrantur Christo et demuntur crimina prisca.

Clamor cuncta dei cernentis praeuia legis,
Accola sum terris, sed caeli ad gaudia plures
Transmitto inlustres superis et sedibus aptos.
Hic sine me nullus Petri consortia sancti,
Omnibus aut Pauli captat, qui finibus orbis
Luciflua promunt fuscis mea lumina saexlis.
Inclita me nullus relicta ad premia regni
Conscendit Christi, misero nec gratia fulget.
Ast tamen, heu miserae, non scando regna polorum.

Fruchtbar und beherzt, in trefflichen Tugenden blühend,
Werde genannt ich die ›hochthronende Führerin, Botin‹,
Denn dem Volke Christi auf Erden trag' ich die Fahnen,
Und durch mich nur leben sie unter gerechten Gesetzen,
Weihen sich Christo und sichern sich gegen frühere Sünden.

Allem voran geht der Ruf des entscheidenden Gottesgesetzes.
Erdenbewohner bin ich, jedoch zu den Freuden des Himmels
Und zu den Sitzen der Auserkorenen führe ich viele.
Ohne mich wird keiner die Freundschaft des heiligen Petrus
Oder des Paulus erlangen, die an des Erdkreises Grenzen
Gegen die finstere Welt meine strahlende Lichtflut beschirmen.
Keiner, der mich, die Erlauchte, verließ, wird des Himmels
Vergeltung
Christi erlangen, denn ihm, dem Elenden, wird keine Gnade.
Ich aber, wehe mir Armen, kann niemals zum Himmelreich steigen.

Zu den Rätseln, mit Übersetzung des Widmungsgedichtes, Rau 1968, 369-373. Edition: *Collectiones aenigmatum merovingicae aetatis.* Hg. F. Glorie. Corpvs Christianorvm Series Latina CXXXIII. Turnhout. 1968. 278-343, mit deutscher Übersetzung von K. L. Minst, dort 284f das oben zitierte Beispiel.

5) *Sermones sancti Bonifacii martiris.* Unter dem Namen des Bonifatius sind einige Predigten überliefert, deren Echtheit in der Forschung umstritten ist, vgl. Hauck 1904, 446 Anm. 3; Rau 1968, 373f und Brunhölzl 1975, 230 mit Nachweis der Diskussion. Gedruckt sind sie bei John A. Giles. *Sancti Bonifacii archiepiscopi et martyris Opera quae extant omnia.* 2 Bde. Patres ecclesiae Anglicanae. 1844. Bd. 2. 57-107 (= Migne Patrologia latina 89. 843-871). Deutsche Übersetzung bei Philipp Hedwig Külb. *Sämmtliche Schriften des hl. Bonifatius.* Bd. 2. Regensburg, 1859. 107-156.

6) *Poenitentiale.* Die irische Kanonessammlung zum Bußwesen, die von einigen Forschern Bonifatius zugeschrieben worden ist, stammt sicher nicht von ihm, vgl. Hauck 1904, 447f Anm. 1 unter 3. und Rau 1968, 374. Deutsche Übersetzung bei Külb (siehe oben Nr. 5) Bd. 2, 203-210.

7) *Weitere Bonifatius zugewiesene Werke.* Als unecht gelten die kleinen Stücke *Allocutio sacerdotum de coniugiis illicitis ad plebem* und *De sabbato,* beide ediert bei Giles (siehe oben Nr. 5) Bd. 2, 18-21 und übersetzt bei Külb (siehe oben Nr. 5) Bd. 2, 34-40. Zu weiteren unechten Werken vgl. Hauck 1904, 447f Anm. 1 unter 1. und 2.

D. Quelleneditionen

Beda der Ehrwürdige. *Kirchengeschichte des englischen Volkes [Venerabilis Bedae historia ecclesiastica gentis Anglorum]*. Übersetzt von Günter Spitzbart. Texte zur Forschung 34. Darmstadt, 1982.

S. Bonifatii et Lulli Epistolae. Hg. Michael Tangl. Monumenta Germaniae historica, Epistolae selectae in usum scholarum 1. Berlin, Hannover, 1916; Nachdruck 1955.

Briefe des Bonifatius. Unter Benützung der Übersetzung von M. Tangl und Ph. H. Külb neu bearbeitet von Reinhold Rau. Ausgewählte Quellen zur deutschen Geschichte des Mittelalters. Freiherr vom Stein-Gedächtnisausgabe. Hg. Rudolf Buchner. IVb. Darmstadt, 1968; Nachdruck 1988. 1-356 [zitiert mit der Sigle Ep.].

Gregorii Primi Papae Registrum Epistolarum. Hg. Paul Ewald, Ludo M. Hartmann. Monumenta Germaniae historica, Epistolae 1 und 2. Berlin, Hannover, 1887-1891 und 1891; Nachdruck 1978.

Rau 1968: siehe *Briefe des Bonifatius und Willibalds Leben des Bonifatius*.

Tangl 1916: siehe *S. Bonifatii et Lulli Epistolae*.

Vitae sancti Bonifatii archiepiscopi Moguntini. Hg. Wilhelm Levison. Monumenta Germaniae historica, Scriptores rerum germanicarum in usum scholarum 57. Hannover, Leipzig, 1905; Nachdruck 1977. [darin: *Vita Bonifatii auctore Willibaldo*, 1-58; *Vita altera Bonifatii auctore Radbodo qui dicitur episcopo Traiectensi*, 62-78; *Vita quarta Bonifatii auctore Moguntino*, 90-106]

Vita sancti Burchardi episcopi. Hg. Oswald Holder-Egger. Monumenta Germaniae historica, Scriptores 15,1. Berlin, Hannover, 1887; Nachdruck 1963. 44-50.

Vita Gregorii abbatis Traiectensis auctore Liudgero. Hg. Oswald Holder-Egger. Monumenta Germaniae historica, Scriptores 15,1. Berlin, Hannover 1887; Nachdruck 1963. 63-79. Deutsche Übersetzung: Basilius Senger. *Liudgers Erinnerungen: Einführung und Übertragung*. Essen, 1959. 35-65.

Vita Leobae abbatissae Biscofesheimensis auctore Rudolfe Fuldensi. Hg. Georg Waitz. Monumenta Germaniae historica, Scirptores 15,1. Berlin, Hannover, 1887; Nachdruck 1963. 118-131. Deutsche Übersetzung: Michael Tangl. *Aus Rudolfs von Fulda Leben der heiligen Leoba*. Die Geschichtsschreiber der deutschen Vorzeit 13. 2. Auflage. Leipzig, 1920. 85-102.

Vita sancti Lulli archiepiscopi Moguntini auctore Lamberto Hersfeldensi. Hg. Oswald Holder-Egger. Monumenta Germaniae historica, Scriptores rerum germanicarum in usum scholarum 38. Hannover, Leipzig, 1894; Nachdruck 1956. 307-340.

Vita Sturmi abbatis auctore Eigilo. Pius Engelbert. *Die Vita Sturmi des Eigil von Fulda: Literarkritisch-historische Untersuchung und Edition.* Veröffentlichungen der Historischen Kommission für Hessen und Waldeck 29. Marburg, 1968. 131-163. Deutsche Übersetzung: Michael Tangl. *Eigils Leben des Abtes Sturmi.* Die Geschichtsschreiber der deutschen Vorzeit 13. 2. Auflage. Leipzig, 1920. 105-138.

Ermanrici sermo de vita s. Sualonis dicti Soli. Hg. Oswald Holder-Egger. Monumenta Germaniae historica, Scriptores 15,1. Berlin, Hannover, 1887; Nachdruck 1963. 151-163. Deutsche Übersetzung: Andreas Bauch. *Quellen zur Geschichte der Diözese Eichstätt.* Bd. 1: *Biographien der Gründungszeit: Texte, Übersetzung und Erläuterung.* Eichstätter Studien 8. Eichstätt, 1962. 189-246.

Vita Wigberti abbatis Friteslariensis auctore Lupo. Hg. Oswald Holder-Egger. Monumenta Germaniae historica, Scriptores 15,1. Berlin, Hannover, 1887; Nachdruck 1963. 36-43. Deutsche Übersetzung: H. Timerding. *Frühgermanentum.* 1929. 124-132.

Vitae Willibaldi et Wynnebaldi auctore sanctimonali Heidenheimensi. Hg. Oswald Holder-Egger. Monumenta Germaniae historica, Scriptores 15,1. Berlin, Hannover, 1887; Nachdruck 1963. 80-117. Deutsche Übersetzung: Andreas Bauch. *Quellen zur Geschichte der Diözese Eichstätt.* Bd. 1: *Biographien der Gründungszeit: Texte, Übersetzung und Erläuterung.* Eichstätter Studien 8. Eichstätt, 1962. 13-246.

Vita sancti Willibrordi archiepiscopi Traiectensis auctore Alcuini. Hg. Wilhelm Levison. Monumenta Germaniae historica, Scriptores rerum Merovingicarum 7. Hannover, Berlin, 1920; Nachdruck 1979. 81-141. Deutsche Übersetzung: Wilhelm Wattenbach. *Das Leben des hl. Willibrord.* Die Geschichtsschreiber der deutschen Vorzeit 14. 2. Auflage. Leipzig, 1941. 5-26.

Willibalds Leben des Bonifatius. Unter Benützung der Übersetzung von M. Tangl und Ph. H. Külb neu bearbeitet von Reinhold Rau. Ausgewählte Quellen zur deutschen Geschichte des Mittelalters. Freiherr vom Stein-Gedächtnisausgabe. Hg. Rudolf Buchner. IVb. Darmstadt, 1968; Nachdruck 1988. 451-525. [zitiert mit der Sigle V.]

E. Bibliographie

Affeldt, Werner. »Untersuchungen zur Königserhebung Pippins: Das Papsttum und die Begründung des karolingischen Königtums im Jahre 751«. *Frühmittelalterliche Studien* 14 (1980): 95-187.

Angenendt, Arnold. *Monachi peregrini: Studien zu Pirmin und den monastischen Vorstellungen des frühen Mittelalters.* Münstersche Mittelalter-Schriften 6. München, 1972.

Angenendt, Arnold. »Taufe und Politik im frühen Mittelalter«. *Frühmittelalterliche Studien* 7 (1973): 143-168.

Angenendt, Arnold. »Pirmin und Bonifatius: Ihr Verhältnis zu Mönchtum, Bischofsamt und Adel«. *Mönchtum, Episkopat und Adel zur Gründungszeit des Klosters Reichenau.* Hg. Arno Borst. Vorträge und Forschungen 20. Sigmaringen, 1974. 251-304.

Angenendt, Arnold. »Bonifatius und das Sacramentum initiationis: Zugleich ein Beitrag zur Geschichte der Firmung«. *Römische Quartalschrift für christliche Altertumskunde und Kirchengeschichte* 72 (1977): 133-183.

Angenendt, Arnold. »Das geistliche Bündnis der Päpste mit den Karolingern (754-796)«. *Historisches Jahrbuch* 100 (1980): 1-94.

Angenendt, Arnold. *Kaiserherrschaft und Königstaufe: Kaiser, Könige und Päpste als geistliche Patrone in der abendländischen Missionsgeschichte.* Arbeiten zur Frühmittelalterforschung 15. Berlin, New York, 1984.

Barlow, Frank. »The English Background«. *The greatest Englishman: Essays on St Boniface and the Church at Crediton.* Hg. Timothy Reuter. Exeter, 1980. 11-29.

Beumann, Helmut. »Eigils Vita Sturmi und die Anfänge der Klöster Hersfeld und Fulda«. *Hessisches Jahrbuch für Landesgeschichte* 2 (1952): 1-15.

Brunhölzl, Franz. *Geschichte der lateinischen Literatur des Mittelalters.* Bd. 1: *Von Cassiodor bis zum Ausklang der karolingischen Erneuerung.* München, 1975.

Büttner, Heinrich. »Bonifatius und das Kloster Fulda«. *Fuldaer Geschichtsblätter* 30 (1954): 66-78.

Büttner, Heinrich. »Bonifatius und die Karolinger«. *Hessisches Jahrbuch für Landesgeschichte* 4 (1954): 21-36; jetzt in: Ders. *Zur frühmittelalterlichen Reichsgeschichte an Rhein, Main und Neckar.* Darmstadt, 1975. 129-144.

Chaney, William A. *The Cult of Kingship in Anglo-Saxon England: The transition from Paganism to Christianity.* Manchester, 1970.

Coens, Maurice. »S. Boniface et sa mission historique d'après quelques auteurs récents«. *Analecta Bollandiana* 73 (1955): 462-495.

Dickerhof, Harald. »Zum monastischen Gepräge des Bonifatius-Kreises«. *71./72. Sammelblatt des Historischen Vereins Eichstätt* (1978/1979): 61-80.

Drögereit, Richard. »Bonifatius, die angelsächsische Mission und Niedersachsen«. *Jahrbuch der Gesellschaft für niedersächsische Kirchengeschichte* 52 (1954): 130-158.

Ewig, Eugen. »Zum christlichen Königsgedanken im Frühmittelalter«. *Das Königtum: Seine geistigen und rechtlichen Grundlagen.* Mainauvorträge 1954 = Vorträge und Forschungen 3. Konstanz, 1956; Nachdruck Darmstadt, 1969. 7-73.

Fischer, Otto. *Bonifatius, der Apostel der Deutschen.* Leipzig, 1881.

Flaskamp, Franz. »Das Geburtsjahr des Wynfrith-Bonifatius«. *Zeitschrift für Kirchengeschichte* 45 (1927): 339-344.

Flaskamp, Franz. *Die Missionsmethode des hl. Bonifatius.* Geschichtliche Darstellungen und Quellen 8. 2. Auflage. Hildesheim, Münster, 1929.

Flaskamp, Franz. *Die homiletische Wirksamkeit des hl. Bonifatius.* Geschichtliche Darstellungen und Quellen 7. Hildesheim, 1930.

Freise, Eckhard. »Das Frühmittelalter bis zum Vertrag von Verdun (843)«. *Westfälische Geschichte.* Hg. Wilhelm Kohl. Bd. 1: *Von den Anfängen bis zum Ende des alten Reiches.* Veröffentlichungen der Historischen Kommission für Westfalen 43. Düsseldorf, 1983. 275-335.

Fritze, Wolfgang H. »Bonifatius und die Einbeziehung von Hessen und Thüringen in die Mainzer Diözese: Bemerkungen zu einer unerklärten Stelle in Willibalds Bonifatius-Vita«. *Hessisches Jahrbuch für Landesgeschichte* 4 (1954): 37-63.

Fritze, Wolfgang H. »Theologia naturalis und Slavenmission bei Bonifatius«. *Zeitschrift für slavische Philologie* 31 (1964): 316-338.

Fritze, Wolfgang H. »Universalis gentium confessio: Formeln, Träger und Wege universalmissionarischen Denkens im 7. Jahrhundert«. *Frühmittelalterliche Studien* 3 (1969): 78-130.

Fritze, Wolfgang H. »Zur Entstehungsgeschichte des Bistums Utrecht: Franken und Friesen 690-734«. *Rheinische Vierteljahrsblätter* 35 (1971): 107-151.

Fuhrmann, Horst. *Einladung ins Mittelalter.* 3. Auflage. München, 1988 (1. Auflage 1987).

Gebauer, George John. *Prolegomena to the ›Ars Grammatica Bonifatii‹.* Chicago, 1942.

Gockel, Michael. »Fritzlar und das Reich«. *Fritzlar im Mittelalter: Festschrift zur 1250-Jahrfeier.* Fritzlar, 1974. 89-120.

Godehardt, Helmut. *Winfried-Bonifatius in der neueren deutschen Geschichtsschreibung von Albert Hauck bis zur Gegenwart.* Diss. masch. Jena, 1959.

Goetz, Hans-Werner. *Leben im Mittelalter vom 7. bis zum 13. Jahrhundert.* 2. Auflage. München, 1986 (1. Auflage 1986).

Gottlob, Theodor. *Der kirchliche Amtseid der Bischöfe.* Kanonistische Studien und Texte 9. Bonn, 1936.

Gottschalk, Josef. »Die Bonifatius-Literatur von 1923-1950«. *Studien und Mitteilungen zur Geschichte des Benediktinerordens und seiner Zweige* 62 (1950): 237-246.

Greenaway, George. »Saint Boniface as a Man of Letters«. *The greatest Englishman: Essays on St Boniface and the Church at Crediton.* Hg. Timothy Reuter. Exeter, 1980. 31-46.

Grossmann, Dieter. »Wesen und Wirken des Bonifatius, besonders in Hessen und Thüringen: Literatur- und Forschungsbericht«. *Hessisches Jahrbuch für Landesgeschichte* 6 (1956): 232-253.

Haendler, Gert. »Bonifatius«. *Gestalten der Kirchengeschichte.* Hg. Martin Greschat. Bd. 3: *Mittelalter I.* Stuttgart, Berlin, Köln, Mainz, 1983. 69-86.

Hahn, Heinrich. *Bonifaz und Lul: Ihre angelsächsischen Korrespondenten. Erzbischof Luls Leben.* Leipzig, 1883.

Halbertsma, H. »Bonifatius' levenseinde in het licht der opgravingen«. *De vrije Fries* 44 (1960): 5-46.

Hauck, Albert. *Kirchengeschichte Deutschlands.* 1. Teil. 3. und 4. Auflage. Leipzig, 1904; komprimierter Nachdruck 1922; danach alle weiteren Auflagen (9. Auflage 1958; 1. Auflage 1887).

Hauck, Karl. »*Carmina antiqua*: Abstammungsglaube und Stammesbewußtsein«. *Zeitschrift für bayerische Landesgeschichte* 27 (1964): 1-33.

Hauck, Karl. »Von einer spätantiken Randkultur zum karolingischen Europa«. *Frühmittelalterliche Studien* 1 (1967): 3-93.

Heinemeyer, Karl. »Die Gründung des Klosters Fulda im Rahmen der bonifatianischen Kirchenorganisation«. *Hessisches Jahrbuch für Landesgeschichte* 30 (1980): 1-45 = *Fuldaer Geschichtsblätter* 56 (1980): 83-132.

Herrmann, Winfried. *Geschichte der Bonifatiusforschung: Verlauf und Methode in Deutschland.* Diss. masch. Jena, 1960.

Hörle, Josef. »Plan und Vermächtnis des hl. Bonifatius: Eine Deutung des Papstbriefes von 738«. *Archiv für mittelrheinische Kirchengeschichte* 6 (1954): 24-45.

Holdsworth, Christopher. »Saint Boniface the Monk«. *The greatest Eng-*

lishman: Essays on St Boniface and the Church at Crediton. Hg. Timothy Reuter. Exeter, 1980. 47-67.

Honselmann, Klemens. »Der Brief Gregors III. an Bonifatius über die Sachsenmission«. *Historisches Jahrbuch* 76 (1957): 83-106; jetzt in: *Die Eingliederung der Sachsen ins Frankenreich.* Hg. Walther Lammers. Wege der Forschung 185. Darmstadt, 1970. 307-346.

Irische Kunst aus drei Jahrtausenden: Thesaurus Hiberniae. Hg. Hansgerd Hellenkemper. Köln, 1983.

Iserloh, Erwin, Georg Schreiber. »Bonifatius (Winfrid)«. *Lexikon für Theologie und Kirche* 2. 2. Auflage. Freiburg, 1958; Nachdruck 1986. 591-594.

Iserloh, Erwin. »Die Kontinuität des Christentums im Lichte der Glaubensverkündigung des heiligen Bonifatius.« Ders. *Verwirklichung des Christentums im Wandel der Geschichte.* Hg. Klaus Wittstadt. Würzburg, 1975. 7-23.

Jäschke, Kurt-Ulrich. »Die Gründungszeit der mitteldeutschen Bistümer und das Jahr des Concilium Germanicum«. *Festschrift für Walter Schlesinger.* Hg. Helmut Beumann. Bd. 2. Mitteldeutsche Forschungen 74/2. Köln, Wien, 1974. 71-136.

Jäschke, Kurt-Ulrich. »Bonifatius und die Königssalbung Pippins des Jüngeren«. *Archiv für Diplomatik* 23 (1977): 25-54.

Jäschke, Kurt-Ulrich. »Bonifatius (Winfrith)«. *Theologische Realenzyklopädie* 7. Berlin, New York, 1981. 69-74.

Jakobs, Hermann (nach Vorarbeiten von Heinrich Büttner). *Germania Pontifica,* Bd. IV: *Provincia Magvntinensis,* Teil IV: *S. Bonifativs, Archidioecesis Magvntinensis, Abbatia Fvldensis.* Regesta Pontificvm Romanorvm. Göttingen, 1978.

Jarnut, Jörg. »Bonifatius und die fränkischen Reformkonzilien (743-48)«. *Zeitschrift der Savigny-Stiftung für Rechtsgeschichte, Kanonische Abteilung* 66 (1979): 1-26.

Jarnut, Jörg. »Wer hat Pippin 751 zum König gesalbt?« *Frühmittelalterliche Studien* 16 (1982): 45-57.

Jung-Diefenbach, Josef. *Die Friesenbekehrung bis zum Martertode des Hl. Bonifatius.* Missionswissenschaftliche Studien. N. Reihe I. Mödling, 1931.

Kahl, Hans-Dietrich. »Die ersten Jahrhunderte des missionsgeschichtlichen Mittelalters: Bausteine für eine Phänomenologie bis ca. 1050«. *Kirchengeschichte als Missionsgeschichte.* Hg. Heinzgünter Frohnes, Hans-Werner Gensichen, Georg Kretschmar. Band 2: *Die Kirche des früheren Mittelalters.* 1. Halbbd. Hg. Knut Schäferdiek. München, 1978. 11-76.

Kieft, C. van de. »Bonifatius en het bisdom Utrecht«. *Tijdschrift voor Geschiedenis* 74 (1961): 42-63.

Kiesel, Georges. *Der heilige Willibrord im Zeugnis der bildenden Kunst: Ikonographie des Apostels der Niederlande, mit Beiträgen zu seiner Kultgeschichte.* Luxemburg, 1969.

Kiesel, Georges. »Bonifatius«. *Lexikon der christlichen Ikonographie.* Hg. Wolfgang Braunfels. Bd. 5: *Ikonographie der Heiligen.* Rom, Freiburg, Basel, Wien, 1973. 427-436.

Kötting, Bernhard. *Peregrinatio religiosa: Wallfahrten in der Antike und das Pilgerwesen in der alten Kirche.* Forschungen zur Volkskunde 33-35. Münster, 1950; Nachdruck 1979.

Kranz, Gisbert. *Winfried Bonifatius: Wegbereiter des Christentums 672-754.* Paderborn, 1988.

Kraus, J. »Eine Ehrenrettung des hl. Bonifatius: Sein Verhältnis zur Slavenmission im Spiegel jüngster Forschung«. *Neue Zeitschrift für Missionswissenschaft* 28 (1972): 61-69.

Krienitz, Peter. *Die bonifatianischen Klostergründungen als Rechtsproblem.* Diss. jur. Kiel, 1971.

Krüger, Karl Heinrich. *Königsgrabkirchen der Franken, Angelsachsen und Langobarden bis zur Mitte des 8. Jahrhunderts: Ein historischer Katalog.* Münstersche Mittelalter-Schriften 4. München, 1971.

Krüger, Karl Heinrich. »Königskonversionen im 8. Jahrhundert«. *Frühmittelalterliche Studien* 7 (1973): 169-222.

Levison, Wilhelm. »Willibrordiana«. *Neues Archiv der Gesellschaft für ältere deutsche Geschichtskunde* 33 (1908): 517-530; jetzt in: Ders. *Aus rheinischer und fränkischer Frühzeit: Ausgewählte Aufsätze.* Düsseldorf, 1948. 330-341.

Levison, Wilhelm. *England and the Continent in the Eighth Century.* The Ford Lectures. Oxford, 1946.

Lindner, Klaus. *Untersuchungen zur Frühgeschichte des Bistums Würzburg und des Würzburger Raumes.* Veröffentlichungen des Max-Planck-Instituts für Geschichte 35. Göttingen, 1972.

Lintzel, Martin. »Karl Martells Sachsenkrieg im Jahre 738 und die Missionstätigkeit des Bonifatius«. *Sachsen und Anhalt* 13 (1937): 59-65; jetzt in: Ders. *Ausgewählte Schriften.* Bd. 1. Berlin, 1961. 87-92.

Löwe, Heinz. »Bonifatius und die bayrisch-fränkische Spannung: Ein Beitrag zur Geschichte der Beziehungen zwischen dem Papsttum und den Karolingern«. *Jahrbuch für fränkische Landesforschung* 15 (1954): 85-127; jetzt in: *Zur Geschichte der Bayern.* Hg. Karl Bosl. Wege der Forschung 60. Darmstadt, 1965. 265-328.

Löwe, Heinz. »Vom Bild des Bonifatius in der neueren deutschen Geschichtsschreibung«. *Geschichte in Wissenschaft und Unterricht* 6 (1955): 539-555.

Löwe, Heinz. »Pirmin, Willibrord und Bonifatius: Ihre Bedeutung für die Missionsgeschichte ihrer Zeit«. *La conversione al christianesimo nell' Europa dell'alto medioevo.* Settimane di studio del Centro Italiano di studi sull'alto medioevo 14. Spoleto, 1967. 217-261. 517-526; jetzt in: *Kirchengeschichte als Missionsgeschichte.* Hg. Heinzgünter Frohnes, Hans-Werner Gensichen, Georg Kretschmar. Band 2: *Die Kirche des früheren Mittelalters.* 1. Halbbd. Hg. Knut Schäferdiek. München, 1978. 192-226.

Markus, Robert Austin. »Gregor I., der Große (ca. 540-604)«. *Theologische Realenzyklopädie* 14. Berlin, New York, 1985. 135-145.

Meckbach, Silke. »Bibliographie zur christlichen Mission im früheren Mittelalter«. *Kirchengeschichte als Missionsgeschichte.* Hg. Heinzgünter Frohnes, Hans-Werner Gensichen, Georg Kretschmar. Band 2: *Die Kirche des früheren Mittelalters.* 1. Halbbd. Hg. Knut Schäferdiek. München, 1978. 507-542.

Mitterer, Sigisbert. »Die Bedeutung des hl. Bonifazius für das bayerische Klosterwesen«. *Studien und Mitteilungen zur Geschichte des Benediktinerordens und seiner Zweige* 46 (1928): 333-360.

Moorsel, P.P.V. van. *Willibrord en Bonifatius.* Fibulareeks 28. Bussum, 1968.

Nitschke, August. *Heilige in dieser Welt: Persönliche Autorität und politische Wirksamkeit.* Stuttgart 1962.

Nottarp, Hermann. *Die Bistumserrichtung in Deutschland im achten Jahrhundert.* Kirchenrechtliche Abhandlungen 96. Stuttgart 1920; Nachdruck Amsterdam, 1964.

Orme, Nicholas. »The Church in Crediton from Saint Boniface to the Reformation«. *The greatest Englishman: Essays on St Boniface and the Church at Crediton.* Hg. Timothy Reuter. Exeter, 1980. 95-131.

Padberg, Lutz E. v. *Heilige und Familie: Studien zur Bedeutung familiengebundener Aspekte in den Viten des Verwandten- und Schülerkreises um Willibrord, Bonifatius und Liudger.* Diss. masch. Münster, 1981.

Padberg, Lutz E. v. »Konfrontation oder Akkommodation: Zu den Missionsinstruktionen Papst Gregors des Großen und ihrer Wirkungsgeschichte im früheren Mittelalter«. *Martyria. Festschrift für Peter Beyerhaus zum 60. Geburtstag.* Hg. Joachim Heubach, Jörg Kniffka, Walter Künneth. Wuppertal, 1989. 93-115. [= . . . 1989a]

Padberg, Lutz E. v. »Archaische Tradition und christliche Intention: Zu autobiographischen und biographischen Elementen in einem hagiographischen Werk des 8. Jahrhunderts«. *Christlicher Glaube und Literatur.* Hg. Carsten Peter Thiede. Bd. 3. Wuppertal, 1989. im Ersch. [= . . . 1989b]

Penco, Gregorio, »L'imitazione di Christo nell'agiografia monastica«. *Collectanea Cisterciensia* 28 (1966): 17-34.

Pfeiffer, Gerhard. »Erfurt oder Eichstätt? Zur Biographie des Bischofs Willibald«. *Festschrift für Walter Schlesinger.* Hg. Helmut Beumann, Bd. 2. Mitteldeutsche Forschungen 74/2. Köln, Wien, 1984. 137-161.

Prinz, Friedrich. *Frühes Mönchtum im Frankenreich: Kultur und Gesellschaft in Gallien, den Rheinlanden und Bayern am Beispiel der monastischen Entwicklung (4. bis 8. Jahrhundert).* München, Wien, 1965; Nachdruck Darmstadt, 1988.

Prinz, Friedrich. »Zum fränkischen und irischen Anteil an der Bekehrung der Angelsachsen«. *Zeitschrift für Kirchengeschichte* 95 (1984): 315-336.

Reuter, Timothy, »Saint Boniface and Europe«. *The greatest Englishman: Essays on St Boniface and the Church at Crediton.* Hg. Timothy Reuter. Exeter, 1980. 69-94.

Rhein und Maas: Kunst und Kultur 800-1400. Eine Ausstellung des Schnütgen-Museums der Stadt Köln und der belgischen Ministerien für französische und niederländische Kultur. Hg. Anton Legner. Köln, 1972.

Rudolf, H. U. *Apostoli gentium: Studien zum Apostelepitheton unter besonderer Berücksichtigung des Winfried-Bonifatius und seiner Apostelbeinamen.* Göppinger akademische Beiträge 42. Göppingen, 1971.

Russel, Jeffry B. »S. Boniface and the Eccentries«. *Church History* 33 (1964): 235-247.

Sandmann, Mechthild. »Fulda I. Kloster«. *Lexikon des Mittelalters* 4. München, Zürich, 1989. 1020-1022.

Sankt Bonifatius: Gedenkgabe zum zwölfhundertsten Todestag. Hg. von der Stadt Fulda. 2. Auflage. Fulda, 1954 (1. Auflage 1954).

Schäferdiek, Knut. »Die Grundlegung der angelsächsischen Kirche im Spannungsfeld insular-keltischen und kontinental-römischen Christentums«. *Kirchengeschichte als Missionsgeschichte.* Hg. Heinzgünter Frohnes, Hans-Werner Gensichen, Georg Kretschmar, Band 2: *Die Kirche des früheren Mittelalters.* 1. Halbbd. Hg. Knut Schäferdiek. München, 1978. 149-191.

Schäferdiek, Knut. »Christentum der Bekehrungszeit I. Historisch-Religionswissenschaftliches«. *Reallexikon der Germanischen Altertumskunde* 4. Berlin, New York, 1980. 501-510.

Schieffer, Rudolf. *Die Entstehung von Domkapiteln in Deutschland.* Bonner historische Forschungen 43. Bonn, 1976.

Schieffer, Theodor. »Angelsachsen und Franken: Zwei Studien zur Kirchengeschichte des 8. Jahrhunderts«. *Akademie der Wissenschaften und der Literatur Mainz, Abhandlungen der geistes- und sozialwissenschaftlichen Klasse* 20. Mainz, 1950. 1431-1539.

Schieffer, Theodor. *Winfrid-Bonifatius und die christliche Grundlegung Europas.* Freiburg, 1954; Nachdruck mit einem Nachwort Darmstadt, 1972.

Schieffer, Theodor, »Concilium Germanicum«. *Lexikon des Mittelalters* 3. München, Zürich, 1986. 114-115.

Schmale, Franz-Josef. »Das Bistum Würzburg und seine Bischöfe im früheren Mittelalter«. *Zeitschrift für bayerische Landesgeschichte* 29 (1966): 616-661.

Schmidt, Heinrich. »Über Christianisierung und gesellschaftliches Verhalten in Sachsen und Friesland«. *Niedersächsisches Jahrbuch für Landesgeschichte* 49 (1977): 1-44.

Schmidt, Jakob. »Zwei angelsächsische Heilige, St. Bonifatius und Lullus, als Oberhirten von Mainz«. *Jahrbuch für das Bistum Mainz* 2 (1947): 274-291.

Schneider, Reinhard. »Karl der Große – politisches Sendungsbewußtsein und Mission«. *Kirchengeschichte als Missionsgeschichte.* Hg. Heinzgünter Frohnes, Hans-Werner Gensichen, Georg Kretschmar. Band 2: *Die Kirche des früheren Mittelalters.* 1. Halbbd. Hg. Knut Schäferdiek. München, 1978. 227-248.

Schramm, Percy Ernst. »Der hl. Bonifatius als Mensch«. *Archiv für mittelrheinische Kirchengeschichte* 20 (1968): 9-36; auch in: Ders. *Kaiser, Könige und Päpste: Gesammelte Aufsätze zur Geschichte des Mittelalters.* Bd. 1. Stuttgart, 1968. 93-119.

Schüling, Hermann. »Die Handbibliothek des Bonifatius«. *Börsenblatt für den deutschen Buchhandel.* Frankfurter Ausgabe 17 (1961): 1687-1718 = *Archiv für Geschichte des Buchwesens* 4 (1961): 285-348.

Semmler, Josef, Günter Bernt, Günther Binding. »Bonifatius (Winfrid)«. *Lexikon des Mittelalters* 2. München, Zürich, 1983. 417-421.

Talbot. C. H. »St. Boniface and the German Mission«. *England before the Conquest: Studies in Primary Sources presented to Dorothy Whitelock.* Hg. P. Clemoes, Kathleen Hughes. Cambridge, 1971. 35-48.

Tangl, Michael. »Das Todesjahr des Bonifatius«. *Zeitschrift des Vereins für hessische Geschichte und Landeskunde* NF 27 (1903): 223-250; jetzt in: Ders. *Das Mittelalter in Quellenkunde und Diplomatik: Ausgewählte Schriften.* Bd. 1. Graz, 1966. 25-40.

Tangl, Michael. »Studien zur Neuausgabe der Briefe des hl. Bonifatius und Lullus«. *Neues Archiv der Gesellschaft für ältere deutsche Geschichtskunde* 40 (1916): 639-790; 41 (1917); 23-101; jetzt in: Ders. *Das Mittelalter in Quellenkunde und Diplomatik: Ausgewählte Schriften.* Bd. 1. Graz, 1966. 60-177; 178-240.

Vierck, Hayo. »Redwalds Asche: Zum Grabbrauch in Sutton Hoo, Suffolk«. *Offa* 29 (1972): 20-49.

Wallace-Hadrill, J.M. *Early Medieval History.* Oxford, 1975.

Wampach, Camille. *Willibrord: Sein Leben und Lebenswerk.* Luxemburg, 1953.

Weber, Christoph. »Die Namen des hl. Bonifatius«. *Fuldaer Geschichtsblätter* 30 (1954): 39-66.

Werner, Matthias. »Iren und Angelsachsen in Mitteldeutschland: Zur vorbonifatianischen Mission in Hessen und Thüringen«. *Die Iren und Europa im früheren Mittelalter.* Hg. Heinz Löwe. Veröffentlichungen des Europa Zentrums Tübingen, kulturwissenschaftliche Reihe. Bd. 1. Stuttgart, 1982. 239-318.

Wilson, David M. *Kulturen im Norden: Die Welt der Germanen, Kelten und Slawen 400-1100 n.Chr.* München, 1980.

Zeller, Winfried. »Bonifatius – Missionar unter dem Wort«. *Zeitwende* 25 (1954): 510-517; jetzt in: Ders. *Frömmigkeit in Hessen.* Beiträge zur Hessischen Kirchengeschichte. Hg. Bernd Jaspert. Marburg, 1970. 1-14.

Zwölfer, Theodor. *St. Peter, Apostelfürst und Himmelspförtner: Seine Verehrung bei den Angelsachsen und Franken.* Stuttgart, 1929.

F. Abbildungsnachweis

Abb. 1: St. Bonifatius. Holzplastik in der Pfarrkirche (früher Stiftskirche) St. Johannes der Täufer und Caecilia, Rasdorf, Kreis Hünfeld, Hessen. Um 1730. Nach: *Sankt Bonifatius: Gedenkgabe zum zwölfhundertsten Todestag.* Hg. von der Stadt Fulda in Verbindung mit den Diözesen Fulda und Mainz. 2. Auflage. Fulda, 1954 (1. Auflage 1954). Taf. gegenüber S. III, vgl. S. 620.

Abb. 2: Buchmalerei im Fuldaer Sakramentar, Martyrium des Bonifatius. Fulda, Hessen. Zwischen 997 und 1011. Pergament. Bamberg, Bayerische Staatsbibliothek, Cod. lit. I fol. 126 v. Nach: Gisbert Kranz. *Winfried Bonifatius: Wegbereiter des Christentums 672-754.* Paderborn, 1988. Abb. S. 54 oben.

Abb. 3: Zwei silberne Löffel aus dem Königsgrab von Sutton Hoo, Suffolk, England (wohl Grab des ostanglischen Königs Raedwald, gest. 624 oder 625). 1. Hälfte des 7. Jahrhunderts. London, British Museum, Inv.-Nr. 88/89. Nach: *Sachsen und Angelsachsen.* Ausstellung des Helms-Museums. Hamburgisches Museum für Vor- und Frühgeschichte 18. November 1978 bis 28. Februar 1979. Hg. Claus Ahrens. Veröffentlichungen des Helms-Museums 32. Hamburg, 1978. S. 684 Abb. 451e, vgl. S. 492f, 679. Länge 25 cm.

Abb. 4: Elfenbein-Diptychon von Genoels-Elderen bei Tongeren, Provinz Limburg, Belgien, Kirche S. Martin. England, 2. Hälfte des 8. Jahrhunderts. Brüssel, Musées Royaux d'art et d'histoire, 1474. Nach: *Sachsen und Angelsachsen* (wie Abb. 3), S. 694 Abb. 483, vgl. S. 693 Nr. 483. Höhe 30 cm, Breite 18 cm.

Abb. 5: Reliquienkasten mit Kreuzigung Christi. Fränkisch (?), 7.-8. Jahrhundert. Eichenholzkern, mit Beinplatten belegt, Pfarrkirche St. Liudger, Essen-Werden. Nach: *Werdendes Abendland an Rhein und Ruhr.* Ausstellung in der Villa Hügel, Essen, vom 18. Mai bis zum 15. September 1956. Hg. Victor H. Elbern. 2. Auflage. Essen, 1956 (1. Auflage 1956). Bildtafel 18, vgl. S. 193 Nr. 334. Höhe 21 cm, Breite 22 cm, Länge 40 cm.

Abb. 6: Cadmug-Evangeliar, Beginn des Matthäus-Evangeliums. Irland, Anfang des 8. Jahrhunderts. Pergament, Einband in rotem Lederschnitt, ältester in Deutschland erhaltener. Fulda, Hessische Landesbibliothek, Cod. Bonifat. III. Nach: Wolfgang Braunfels. *Die Welt der Karolinger und ihre Kunst.* München, 1968. Abb. 36, vgl. S. 74, 373. Höhe 12,7 cm, Breite 10 cm.

Abb. 7: Kaiser Justinian (482-565) und Bischof Maximian von Ravenna (498-556) mit Diakonen, Hofbeamten und Leibwache (oben); Kaiserin Theodora (ca. 497-548) mit Hofbeamten im Gefolge von Hofdamen (unten). Byzantinisch, vor 547. Wandmosaik. Ravenna, San Vitale, Nordostwand (Justinian) und Südwestwand (Theodora) der Apsis des Presbyteriums. Nach: Kurt Böhner, Detlev Ellmers, Konrad Weidemann. *Das frühe Mittelalter.* Führer durch das Römisch-Germanische Zentralmuseum in Mainz 1. Mainz, 1970. Abb. S. 13, vgl. S. 12.

Abb. 8: Grabstein aus Niederdollendorf bei Bonn, Ende des 7. Jahrhunderts. Lothringischer Kalkstein. Bonn, Rheinisches Landesmuseum, 14189. Nach: *Werdendes Abendland* (wie Abb. 5), Bildtafel 16, vgl. S. 119 Nr. 198. Höhe 43 cm.

Abb. 9: Bonifatius-Gemälde an der Orgelempore der Pfarrkirche in Abenheim bei Worms. Um 1730. Nach: *Sankt Bonifatius* (wie Abb. 1), Taf. IX oben gegenüber S. 344, vgl. S. 608.

Abb. 10: Codex Aureus Epternacensis, Deckel. Trier, 983-991. Elfenbeinplatte mit einer Rahmung aus getriebenem Goldblech und Leisten aus Zellenschmelzplatten, mit gefaßten Steinen, Perlen und Zellenmosaik, montiert auf einer Eichenholzplatte. Nürnberg, Germanisches Nationalmuseum, K.G. 1138. Nach: *Werdendes Abendland* (wie Abb. 5), Bildtafel 56, vgl. S. 241 Nr. 421. Elfenbein Höhe 20,4 cm, Breite 12,6 cm; Eichenholzplatte Höhe 44 cm, Breite 31 cm.

Abb. 11: Codex Aureus Epternacensis, Detail des Deckels, wohl früheste Einzeldarstellung des Bonifatius. Trier, 983-991. Goldblech. Nürnberg (wie Abb. 10). Nach: Gert Haendler. »Bonifatius«. *Gestalten der Kirchengeschichte.* Hg. Martin Greschat. Bd. 3: *Mittelalter I.* Stuttgart, Berlin, Köln, Mainz, 1983. S. 69-86, Tafel gegenüber S. 72.

Abb. 12: Die Mönche von Canterbury gehorchen der Regula Benedicti. London, British Museum, MS Arundel 155. Nach: R. I. Page. *Life in Anglo-Saxon England.* London, New York, 1970 (Reprint 1972). Abb. S. 128.

Abb. 13: Book of Kells, Kanontafel, fol. 5r. Wohl Iona, Schottland, um 800. Pergament. Dublin, Trinity College, MS 58. Nach: *Irische Kunst aus drei Jahrtausenden: Thesaurus Hiberniae.* Hg. Hansgerd Hellenkemper. Mainz, 1983. Taf. S. 51, vgl. S. 134f Nr. 54. Höhe 33 cm, Breite 25 cm.

Abb. 14: Widmungsgedicht der Ars Grammatica des Bonifatius. Pergament. Würzburg, Universitätsbibliothek, M.p.th.f. 29, f° 44r. Nach: Bonifatii (Vynfreth). *Ars Grammatica.* Hg. George John Gebauer, Bengt Löfstedt. Corpvs Christianorvm Series Latina CXXXIIIb. Turnhout, 1980. Tafel zwischen S. 2/3.

Abb. 15: Collectio Canonum, Initialseite. Northumbrien, wahrscheinlich Lindisfarne, England, Anfang des 8. Jahrhunderts. Pergament. Köln, Dombibliothek, Cod. 213 fol. Kat. 393. Nach: *Welt der Karolinger* (wie Abb. 6), Abb. 35, vgl. S. 87, 373. Höhe 33,2 cm, Breite 23 cm.

Abb. 16: Das Missionswerk des Bonifatius, Verbreitungskarte. Friedrich Prinz, Institut für geschichtliche Landeskunde der Rheinlande, Bonn. Nach: *Werdendes Abendland* (wie Abb. 5), S. 147 Textabb. 11, Karte VIc.

Abb. 17: Bischofsweihe des Bonifatius am 30. November 722 durch Papst Gregor II. und Bevollmächtigung zur Mission. Wandgemälde von Heinrich Maria von Hess (1798-1863), vor 1850. Bonifatiusbasilika, München (1944/45 zerstört). Nach: *Winfried Bonifatius* (wie Abb. 2), Abb. S. 18 oben.

Abb. 18: Reliquiar, Schmalseite. Chur, Schweiz, um 700. Holzkasten, vergoldetes Kupferblech mit eingepreßten Ornamenten. Nach: *Welt der Karolinger* (wie Abb. 6), Abb. 40, vgl. S. 90, 373. Länge 17 cm.

Abb. 19: Tassilo-Kelch. Salzburger Raum (Abtei St. Peter?), ca. 777. Vergoldetes Kupfer mit Silberplattierungen und Niello. Kremsmünster, Benediktinerstift, Kat. 548. Nach: *Welt der Karolinger* (wie Abb. 6), Abb. 126, vgl. S. 90f, 378. Höhe 26,6-27 cm, Durchmesser 16,1-16,7 cm.

Abb. 20: Bonifatius. Kupferstich von Cornelis Bloemaert (um 1603 bis nach 1684) nach einem nicht erhaltenen Gemälde seines Vaters Abraham Bloemaert (1564-1651), um 1630. Nach: *Winfried Bonifatius* (wie Abb. 2), Abb. S. 34.

Abb. 21: Ansicht von Fulda, Blick von Osten mit Abteikirche (Dom) und St. Michael. Holzschnitt von Hans Brosamer (um 1500-1554) aus der *Cosmographia universalis* des Sebastian Münster (1488-1552), 1550. Nach: *Rabanus Maurus in seiner Zeit 780-1980.* Ausstellung des Mittelrheinischen Landesmuseums Mainz vom 13. September bis zum 19. Oktober 1980. Hg. Wilhelm Weber. Mainz, 1980. Abb. S. 11.

Abb. 22: Martyrium des Bonifatius. Alabasterrelief am Grabaltar des hl. Bonifatius in der Bonifatius-Gruft des Domes, Fulda. Nach: *Winfried Bonifatius* (wie Abb. 2), Abb. S. 53.

Abb. 23: Codex Ragyndrudis, Einband-Rückseite. Luxeuil, Burgund (Haute-Sâone), Frankreich, nach 700. Leder. Fulda, Hessische Landesbibliothek, Cod. Bonifat. II. Nach: *Winfried Bonifatius* (wie Abb. 2), Abb. S. 54 unten. Höhe 29 cm, Breite 19,4 cm.

Abb. 24: Bonifatius-Kreuz. Gefunden zwischen Sossenheim und Eschborn, Main-Taunus-Kreis, Hessen (Verlauf der mittelalterlichen Elisabethenstraße), 754. Bockenheimer Basalt. Frankfurt, Historisches Museum, X 29 365. Nach: Harald Keller. »Denkmal«. *Reallexikon zur deutschen Kunstgeschichte.* Bd. 3. Stuttgart, 1954. Sp. 1257-1297, Abb. 1 Sp. 1261, vgl. Sp. 1260. Ursprüngliche Höhe 186 cm, Länge des Querbalkens 51 cm.

Abb. 25: Kupferstich mit Szenen aus dem Leben des Bonifatius. Nikolaus Serarius (1555-1609). *Moguntiacarum rerum libri V.* 1604. Nach: *Sankt Bonifatius* (wie Abb. 1), Abb. 3 S. 611, vgl. S. 610. Höhe 18,5 cm, Breite 13,5 cm.

Abb. 26: Codex Ragyndrudis (wie Abb. 23), Textseite des Agnellus-Briefes De ratione fidei. Nach: *Werdendes Abendland* (wie Abb. 5), Taf. 21b, vgl. S. 129 Nr. 235. Höhe 28,4 cm, Breite 19,4 cm.

Abb. 27: Pontifikale des Bischofs Gundekar II. von Eichstätt, Bonifatius zwischen den Brüdern Willibald und Wynnebald (oben); Vitus zwischen Walburga und Gunthild (unten). Vor 1075. Miniatur auf Pergament. Diözesanarchiv Eichstätt B 4, f. 16. Nach: Harald Dickerhof. »Zum monastischen Gepräge des Bonifatius-Kreises«. *71./72. Sammelblatt des Historischen Vereins Eichstätt* (1978/1979): S. 61-80, Abb. S. 63.

Abb. 28: Victor-Codex, Evangelienharmonie aus dem Besitz des Bonifatius. Italisch, 546/547. Pergament. Fulda, Hessische Landesbibliothek, Cod. Bonif. I. Nach: *Werdendes Abendland* (wie Abb. 5), Taf. 21a, vgl. S. 128 Nr. 232. Höhe 28,6 cm, Breite 14 cm.

Abb. 29: Bonifatius fällt die Donareiche bei Geismar in Hessen. Wandgemälde von Heinrich Maria von Hess (1798-1863), vor 1850. Bonifatiusbasilika, München (1944/45 zerstört). Nach: *Winfried Bonifatius* (wie Abb. 2), Abb. S. 18 unten.

Abb. 30: Utrecht-Psalter. Reims, Frankreich, um 830. Pergament. Utrecht, Universitätsbibliothek, Ms. 484. Nach: *Werdendes Abendland* (wie Abb. 5), Taf. 26, vgl. S. 171 Nr. 268. Höhe 33 cm, Breite 25,5 cm.

Abb. 31: Typus des christlichen Königs: Die Krönung Knuts (1018-1035) durch einen Engel. London, British Museum, MS Stove 944. Pergament. Nach: *Anglo-Saxon England* (wie Abb. 12), Abb. S. 52.

Abb. 32: Fragment eines Registrum Gregorii. Trier, um 983. Pergament. Trier, Stadtbibliothek. Nach: *Ars Sacra: Kunst des frühen Mittelalters.* Ausstellung der Bayerischen Staatsbibliothek Juni bis Oktober 1950. München, 1950. Abb. 23 S. 50, vgl. S. 51 Nr. 99. Höhe 21,7 cm, Breite 19,8 cm.

Abb. 33: Grabplatte des Bonifatius, seit 1823 im Mainzer Dom, vorher in einer Seitenkapelle der St. Johanniskirche über dem Grab der Eingeweide des Bonifatius. 1357. Stein. Nach: *Sankt Bonifatius* (wie Abb. 1), Taf. V gegenüber S. 216, vgl. S. 592f. Höhe 280 cm, Breite 136 cm.

Abb. 34: Bonifatius mit Mitra, Stab, Kasel, Pallium und geöffnetem Buch. Anfang 12. Jahrhundert. Steinrelief. Grabeskirche der hl. Lioba am Petersberg, Fulda, Hessen. Nach: *Winfried Bonifatius* (wie Abb. 2), Abb. S. 9.

In der Reihe Bibliographien erschienen auch:

Werner Neuer

Adolf Schlatter

188 Seiten, R. Brockhaus Taschenbuch, Bestell-Nr. 21101

Adolf Schlatter (1852–1938), Theologieprofessor in Bern, Greifswald, Berlin und Tübingen, war in sehr eigenständiger Weise – ohne einer der theologischen Schulen seiner Zeit anzugehören – um eine ganz an der Bibel orientierte Theologie bemüht. Er hat bis heute viele Theologen geprägt und ist wegen seiner Schriftauslegung auch in der Bibel lesenden Gemeinde hoch geschätzt. Dies ist die erste Schlatter-Biographie. Der Autor hat eine preisgekrönte Dissertation über Schlatter verfaßt und von 1983–1986 den Schlatter-Nachlaß erforscht. In die vorliegende, für einen größeren Leserkreis verfaßte Biographie sind bereis einige Ergebnisse seiner Forschung eingearbeitet.

Erich Beyreuther

Ludwig Hofacker

144 Seiten, R. Brockhaus Taschenbuch, Bestell-Nr. 21102

Ludwig Hofacker (1798–1828) war trotz seines frühen Todes der einflußreichste christliche Verkündiger seiner Zeit. Er predigte nicht selten vor mehr als 3000 Menschen. Viele in Württemberg nahmen stundenlange Fußmärsche auf sich, um ihn zu hören. Und das, obwohl Hofacker in seiner Verkündigung auf alles Sensationelle verzichtete. Er wirkte durch »die Macht des einfachen, sorgfältigen Wortes, auf das die Menschen warten und hören wollen in einer Welt, die voller Wörter und Floskeln ist«. Hiermit erscheint erstmalig seit 35 Jahren wieder eine Hofacker-Biographie. Sie wurde von dem international renommieren Pietismus-Forscher verfaßt und mit zahlreichen Bilddokumenten versehen.

R. BROCKHAUS VERLAG WUPPERTAL UND ZÜRICH

Anna Sticker

Theodor und Friederike Fliedner

169 Seiten, R. Brockhaus Taschenbuch, Bestell-Nr. 21103

Theodor Fliedner (1800–1864) und seine erste Frau Friederike (1800–1842) bauten zusammen in Kaiserswerth bei Düsseldorf die erste »Diakonissenanstalt« auf. Fliedners Idee war das Amt der Diakonisse. Miteinander schufen sie das Mutterhaus als Ausbildungsstätte für Krankenpflegerinnen und Kindergärtnerinnen. Damit wirkten sie bahnbrechend in der neuzeitlichen Krankenpflege und ebneten gleichzeitig der unverheirateten Frau den Weg aus der Häuslichkeit in den Beruf. Daneben gründeten sie eine Reihe anderer sozialer Einrichtungen.
Häufig wird in der Literatur dieses gemeinsame Werk lediglich als das Theodor Fliedners beschrieben. Erstmals liegt nun auch eine Biographie beider vor, die den großen Anteil Friederike Fliedners am gemeinsamen Werk dokumentiert.
Das Buch legt den Schwerpunkt auf die Zeit von 1828 bis zum Todesjahr Friederike Fliedners, 1842. Es folgt ein kurzer Ausblick auf Fliedners Leben und Wirken zusammen mit seiner zweiten Frau Karoline geb. Bertheau.

D. Anna Sticker ist Historikerin. Ihre Darstellung beruht auf jahrzehntelangen Forschungen über die Geschichte der Fliedners und der deutschen Krankenpflege.

R. BROCKHAUS VERLAG WUPPERTAL UND ZÜRICH